"挑战学习困难"丛书

策 划：罗 坤 赵 微
主 编：赵 微
副主编：刘朦朦 尚海艳 任楷文 徐 玥

学习困难学生教育指导手册

赵 微／编著

XUEXI KUNNAN XUESHENG
JIAOYU ZHIDAO SHOUCE

华夏出版社
HUAXIA PUBLISHING HOUSE

推 荐 序

今天收到了陕西师范大学特殊儿童认知与行为研究中心赵微教授带领陕西师范大学实验小学"名校+"学习支持中心的老师编写的《学习困难学生教育指导手册》一书的电子稿,他们希望我为这本即将付印的指导手册写序。因老朽已退休多年,业务生疏,正式写序,已力不从心,感于予我先睹为快的机会和信任,就谈谈自己的读后感吧。

本指导手册分为四个部分,深入地讨论了如何在普通小学教育中正确地认识、理解、发现学习困难学生,有效支持学习困难学生,帮助他们树立学习信心,掌握最符合自己的认知特点、更能充分发挥自己的学习潜能以及提高学习能力与实效的方法。本书从实际出发,用一半以上的篇幅从教学、干预、情绪调整、行为矫正、优化内外教育环境等方面,详细地阐述了在日常的教育教学过程中,教师与家长耐心地给学习困难学生长期提供有效支持与帮助的原理与路径。本书提供了纪录片、参考书籍、期刊等资源信息,是我目前看到的国内系统地指导学习困难学生的著作。通读之余,也勾起我对青少年时代学习、生活的记忆。

由于患有先天性白内障,我在小学、中学阶段都是一个视力仅有0.1的弱视学生。读了12年书,尽管总是坐在第一排,但很少能看清黑板、课本,基本上完不成老师布置的课外作业,只能凭借听力、表达能力和思考能力来应付日常学习。从特殊教育的角度来看,我在青少年时代,显然是一个有视力障碍的学习困难学生。我因经常看错试题,尤其是数学考卷上的平方与立方、中括号或小括号等符号,考试从来没有得过100分。直到中师毕业工作两年后,我做了人造瞳孔切除手术,将矫正视力提高到0.9,由弱视导致的学习困难问题才得到根本解决。但是,幸运的是,我在上小学、中学期间,得到了许多好老师的支持与同学的帮助。

例如,我初中的数学老师王有萱,他为了纠正我看错题目,还总是爱交头卷的毛病，专门给我用大号字写考卷；1961年，我在师范大学读书，那是煤油都稀缺的困难年代，班主任叶邵媛老师考虑到教室里光线不足，让我到她的办公室上晚自习。因为长期的弱视，我养成了粗心大意的毛病，但从未失去学习的兴趣与信心，并基本上完成了学业。

随着社会的发展和人们生活水平的提高，现代特殊教育获得了空前的发展，教育对象从狭义的感官残疾儿童（盲生、聋生）延伸到包括智力障碍儿童（弱智生）在内的残疾儿童，从精神障碍儿童（孤独症儿童）延伸到包括情绪与行为障碍儿童在内的特殊需要儿童。目前，世界上大多数国家都采用广义特殊教育的概念，倡导与推广融合教育，因此，学习困难儿童是广义特殊教育领域中的重要组成部分。

诚然，对基础教育与学校教育而言，学习主要是指课程学习，学习效能多半也是与升学应考挂钩的。其实，人是"活到老，学到老"的智能动物，正如本书中指出的，存在学习困难的原因是多方面的，学生的学业成绩不好，也只表明其在概念形成、逻辑推理、语言表达等方面的信息加工能力弱一些，在其他方面的学习未必都有困难，反之亦然。所以，我也借此机会，向广大学习困难学生的家长和教师强调一点：帮助孩子树立"天生我材必有用"的信心、培养专注力与自控能力以及"与人为善"的情怀比单纯的说教和功利性获得更为重要。我祝愿，本书的出版能帮助广大教师与家长深刻地认识、理解学习困难学生，努力改善教育环境，有效地帮助学习困难学生提高学习兴趣，改进学习方法，提高学习效能，感受到实现"天生我材必有用"的人生自豪与骄傲。

华东师范大学终身教授

方俊明

前　言

　　2023年6月，中共中央办公厅、国务院办公厅印发《关于构建优质均衡的基本公共教育服务体系的意见》，强调"坚持精准分析学情，全面建立学校学习困难学生帮扶制度，健全面向全体学生的个性化培养机制，优化创新人才培养环境条件"。《学习困难学生教育指导手册》（以下简称为《手册》）的编写缘起于新时代教育要求、由学习困难问题日益凸显所引发的社会广泛关注、教师和家长对学习困难现象的认识不足、教育教学难度大等现实问题，旨在回应教师和家长在教育学习困难学生的过程中面临的各种困惑和挑战。

　　为了帮助教师和家长正确认识学习困难学生并学会应对在教育学习困难学生的过程中可能遇到的困惑和挑战，我们从认识学习困难、理解学习困难学生、发现学习困难学生、支持学习困难学生等方面帮助教师和家长获得对学习困难现象的基本客观的认识，并在学校和家庭中正确面对学生的学习困难，积极应对，帮助他们走出学习困难的困境。

　　学习困难的概念有广义与狭义之分，除了生物学因素导致的学习障碍，大多数的学业落后其实是由多种因素导致的。学习困难是儿童发展过程中的常见问题，也是基础教育面临的难解问题。在实际中，教师和家长由于缺乏有关学习困难的基础知识，往往会对这些儿童产生很多误解，从而使用错误的教育方法，错误的理解和错误的方法又进一步加剧了学生的学习困难，从而导致更严重的学习问题以及心理与行为问题。

　　教师和家长是儿童成长过程中的重要他人，学校和家庭是学习困难学生摆脱学习困难的主要支持力量。这本《手册》的编写目的就是解决在学习困难方面长期困扰教师和家长的认识和教育难题，把深奥复杂的学习困难儿童教育理论和方法转化为教师和家长可以采用的解决思路和参考方法，通过浅显易懂的语言和生动灵活的问答形式普及学习困难的相关知识与教育策略。

我们对教师和家长疑惑和关心的学习困难的相关问题进行了广泛征集并查阅资料，也对学习困难的基本概念进行了梳理，然后设计问题，并站在教师和家长的角度编写了答案，在编写过程中，尽可能做到简明扼要、通俗易懂、深入浅出。

《手册》的编写还有另外一个原因。学习困难学生学习支持中心在陕西师范大学实验小学进行了十年的实践探索，积累了大量的经验，并获得了可喜的成果。目前，学习困难学生学习支持中心项目已经遍及陕西、江苏、广东、福建等地十多所学校，并且还不断有学校在加入。然而，很多普通教育学校的教师并没有关于学习困难的知识，也没有专门的学习和培训时间，所以，我们就把学习困难的有关知识点和教师们感到困惑的问题，编制成小视频，以问答的形式，供教师们利用碎片化的时间学习。为了给广大教师和家长提供初步了解学习困难的便捷途径，我们对教师们在实践中遇到的这些困惑和问题进行汇总和整理，编写在《手册》中，教师和家长可以根据问题查阅相关条目，找到解决方法。

《手册》由陕西师范大学特殊儿童认知与行为研究中心赵微教授带领陕西师范大学实验小学"名校+"学习支持中心的老师一起编写，赵微教授确定框架，编写了与理论解释相关的条目，并对全书进行修改，完成统稿，刘朦朦、任楷文、吕琛、吴雨欣、张乐乐、张欣欣、云一柯、黎朝钰、蒋佳妤、王藤、陈欣美、宋小君、纪梦丽、贺姣姣、侯育刚、付生慧各负责部分条目的编写，吕琛协助整理文献部分。他们是一批热爱特殊教育的学习困难研究的实践者，长期从事有关学习困难的理论学习与实践探索，在学习困难学生的教育干预实践中积累了丰富的经验。感谢各位的付出！

本《手册》的编写，得到了陕西师范大学实验小学"名校+"总校长罗坤以及华夏出版社的大力支持，在此特别感谢！

陕西师范大学特殊儿童认知与行为研究中心

赵　微

目 录

一、认识学习困难 ··· 1

1. 什么是学习困难？什么是学习障碍？ ·· 1
2. 学习困难的成因是什么？ ·· 2
3. 常见的学习困难有几种类型？ ·· 3
4. 什么是阅读障碍？ ·· 3
5. 什么是数学障碍？ ·· 4
6. 什么是书写表达障碍？ ·· 5
7. 如何认识中学阶段的学习困难？ ·· 5
8. 学习困难会伴随其他障碍吗？ ·· 6
9. 学习困难学生是智力落后儿童吗？ ·· 7
10. 学习困难学生能成才吗？ ·· 8

二、理解学习困难学生 ··· 9

11. 学习困难学生在认知加工上有什么特点？ ································ 9
12. 学习困难学生在认知加工能力上有差异吗？ ·························· 13
13. 什么是工作记忆？工作记忆与学习困难有什么关系？ ·········· 15
14. 什么是执行控制？执行控制与学习困难有什么关系？ ·········· 16
15. 学习困难学生的学习有什么特点？ ·· 17
16. 学习困难学生的心理有什么特点？ ·· 17
17. 学习困难学生的行为有什么特点？ ·· 18
18. 学习困难学生与 ADHD 儿童有什么区别？ ······························ 19
19. 什么是字词解码障碍？字词解码障碍儿童有什么表现？ ······ 21
20. 什么是阅读理解障碍？阅读理解障碍儿童有什么表现？ ······ 22
21. 什么是语音意识？语音意识与阅读障碍有什么关系？ ·········· 22

22. 什么是语素意识？语素意识与阅读障碍有什么关系？ ……………… 23
23. 什么是正字法意识？正字法意识与学习困难有什么关系？ ……… 24
24. 什么是空间认知能力？空间认知能力与数学障碍有什么关系？ ……… 24
25. 什么是视、听、动能力？视、听、动能力与学习困难有什么关系？ … 25
26. 什么是感觉统合失调？感觉统合失调与学习困难有什么关系？ ……… 26
27. 什么是元认知？元认知与学习困难有什么关系？ ………………… 27
28. 什么是学习策略？学习困难学生在学习策略上有哪些缺陷？ ……… 27
29. 什么是自我效能感？学习困难学生的自我效能感是怎样的？ ……… 28
30. 什么是习得性学习无助？ …………………………………………… 29

三、发现学习困难学生 …………………………………………… 30

31. 学习困难学生有哪些突出特征？ …………………………………… 30
32. 学习困难学生在学校中很普遍吗？ ………………………………… 31
33. 为什么要对学习困难学生进行评估？ ……………………………… 32
34. 学习困难学生的评估主要包括哪些内容？ ………………………… 32
35. 如何对学习困难学生进行评估？ …………………………………… 33
36. 学习困难学生的常见表现有哪些？ ………………………………… 34
37. 教师如何在课堂中观察与发现学习困难学生？ …………………… 34
38. 教师如何发现学生的阅读困难？ …………………………………… 35
39. 教师如何发现学生的数学学习困难？ ……………………………… 35
40. 教师如何看待学习困难学生？ ……………………………………… 35
41. 教师发现学生有学习困难，该怎么办？ …………………………… 36
42. 学习困难学生的安置形式有哪些？ ………………………………… 37
43. 如何在普通教育学校建立学习困难学生发展支持体系？ ………… 38
44. 什么是增值性评价？如何在普通教育学校中开展对学习困难学生的增值性评价？ …………………………………………………… 39

四、支持学习困难学生 …………………………………………… 41

（一）教学支持 ……………………………………………………… 41

45. 如何提升学习困难学生的基础认知能力? …………………………………… 41
46. 如何将基础认知能力训练嵌合到学科学习中? ………………………… 42
47. 什么是通用教学设计?如何在教学中实施通用教学设计? …………… 42
48. 对学习困难学生进行汉语拼音教学有哪些指导策略? ………………… 43
49. 对学习困难学生进行字词教学有哪些指导策略? ……………………… 43
50. 对学习困难学生进行阅读教学有哪些指导策略? ……………………… 45
51. 对学习困难学生进行数学教学有哪些指导策略? ……………………… 47
52. 面对学生的学习困难,教师如何对教学内容做出调整? ……………… 48
53. 集体教学中针对学习困难学生常用的支持策略有哪些? ……………… 49
54. 小组教学中针对学习困难学生常用的支持策略有哪些? ……………… 49
55. 哪些学习困难学生需要个别化教育支持? ……………………………… 50
56. 教师如何制订个别化教育计划? ………………………………………… 50
57. 教师如何处理集体教学与个别支持的关系? …………………………… 51
58. 教师如何帮助学习困难学生提高课堂注意力? ………………………… 52
59. 面对已经出现了厌学情绪的学习困难学生,教师该怎么做? ………… 52

(二)认知和学业干预训练   53

60. 如何提高学习困难学生的视、听、动能力? …………………………… 53
61. 如何训练学习困难学生的注意力? ……………………………………… 54
62. 如何训练学习困难学生的工作记忆? …………………………………… 55
63. 如何提高学习困难学生的加工速度? …………………………………… 57
64. 如何提高学习困难学生的数学认知能力? ……………………………… 58
65. 如何提高学习困难学生的计划能力? …………………………………… 59
66. 如何增强学习困难学生的语素意识以提高其识字能力? ……………… 60
67. 教师如何提高学习困难学生的阅读理解能力? ………………………… 61
68. 教师如何提高学习困难学生的写作能力? ……………………………… 62
69. 教师如何提高学习困难学生的数学能力? ……………………………… 62
70. 教师如何提高学习困难学生的元认知能力? …………………………… 63
71. 教师如何提高学习困难学生的学习动机? ……………………………… 64

（三）情绪与行为支持 ……………………………………………… 64

72. 儿童、青少年常见的情绪与行为问题有哪些？………………………… 64
73. 如何解决学习困难学生的情绪与行为问题？…………………………… 65
74. 学习困难学生常见的不良情绪有哪些？………………………………… 66
75. 如何解决学习困难学生的情绪问题？…………………………………… 67
76. 如何提升学习困难学生的自我效能感？………………………………… 67
77. 什么是正向行为支持？…………………………………………………… 68
78. 如何对学习困难学生开展正向行为支持？……………………………… 69
79. 如何帮助学习困难学生养成良好的课堂行为习惯？…………………… 69
80. 针对学习困难学生的课堂管理策略有哪些？…………………………… 70
81. 如何引导普通学生与学习困难学生建立良好的同伴关系？…………… 71

（四）环境支持 …………………………………………………… 73

82. 学校教育会对学习困难学生产生怎样的影响？………………………… 73
83. 如何为学习困难学生创造支持性的环境？……………………………… 73
84. 如何在普通教育学校中创造全接纳性的环境？………………………… 74
85. 如何引导家长为学习困难学生创造支持性的家庭教育环境？………… 75
86. 如何在普通教育学校建立完善的支持性管理制度体系？……………… 75
87. 如何开展对普通教育教师针对学习困难学生的认识
    与教育的培训与指导？………………………………………………… 76
88. 如何建立有效的家校沟通机制？………………………………………… 77

（五）家庭支持 …………………………………………………… 77

89. 家长如何发现孩子的学习困难问题？…………………………………… 77
90. 当家长发现孩子存在学习困难时，如何正确理解与应对？…………… 78
91. 家长因孩子的学习困难问题而感到焦虑，如何缓解？………………… 79
92. 家长如何应对家庭中教育观念不一致的困境？………………………… 80
93. 家长如何增强学习困难孩子的学习自信心？…………………………… 81
94. 家长如何在家中指导学习困难孩子学习？……………………………… 82
95. 家长如何在家中提高学习困难孩子的学习专注力？…………………… 82

96. 家长如何在家中培养学习困难孩子的学习习惯?··········83
97. 家长如何改善与学习困难孩子的关系?··········84
98. 家长可以从哪些途径获得专业支持?··········85

(六)资源支持··········86

99. 可参考的纪录片和电影有哪些?··········86
100. 可参考的专业书籍有哪些?··········87
101. 可参考的期刊有哪些?··········93

一、认识学习困难

1. 什么是学习困难？什么是学习障碍？[1]

学习困难有广义和狭义之分，广义的学习困难是指在正规教育环境中智力正常的儿童出于各种原因（除各种残疾以外）学业成就明显低于同龄儿童的平均水平。其判断的标准有三：第一，具备学习潜能（智力正常）；第二，学业成就明显低于同龄儿童的平均水平；第三，这种低的学业成就并非由其他障碍（如视力障碍、听力障碍、智力障碍）所引起，但有可能是由行为问题、情绪困扰和文化教育环境不利导致的。

学习障碍则是狭义的学习困难，1994年，美国学习障碍联合会提出了"学习障碍"（Learning Disability，LD）的新概念：学习障碍是指这样一组失调的症候群，即由在听、说、读、写、推理、数学能力获得方面失调导致在这些方面存在显著困难。这些困难是内在的，据推测是由中枢神经系统紊乱造成的。虽然学习障碍儿童可能伴有行为无法自制以及社会知觉、社会关系等方面的问题，但这些不是出现学习障碍的直接原因。虽然学习障碍可能伴有其他障碍（如感官障碍、智力障碍、严重的情绪紊乱等）或受外部因素的影响（如文化差异、不充分和不恰当的教育），但它们都不是出现学习障碍的直接原因。

美国精神医学学会于2013年出版的《精神障碍诊断与统计手册（第五版）》（*Diagnostic and Statistical Manual of Mental Disorders, Fifth Edition, DSM-5*）明确了特定学习障碍是一种具有生物学起源的神经发育障碍，表现为学习和学术性技能习得上的困难。学习障碍（困难）属于神经发育障碍，这种障碍以生物学原因为基础，导致了认知层面的异常，从而出现了学习障碍（困难）的行为方面的特征[2]。

---

[1] 赵微. 学习困难儿童的发展与教育[M]. 2版. 北京：北京大学出版社，2020.
[2] 张树东，高潇怡. 美国学习障碍（困难）概念的新发展及其启示[J]. 比较教育研究，2015, 37(9): 91-96.

2. 学习困难的成因是什么？

不同类型的学习困难学生（简称学困生），其学习困难的成因和表现也不尽相同。学者从神经心理学、认知心理学、教育学和社会学等领域进行了概括。

（1）神经心理学领域

神经心理学结合医学和心理学模式中关于人的能力的观点，检验脑-行为关系。这一部分的研究主要从脑损伤、脑功能异常以及大脑的生化过程等方面来探讨学习困难的成因。该领域的研究者普遍认为，阅读障碍者存在局部脑血流量代谢异常和脑功能缺陷。除此之外，阅读障碍被证实与严重神经心理缺陷有关，即障碍者的不同脑区之间的联系存在异常。

（2）认知心理学领域

受认知心理学理论及其研究成果的影响，研究者认为学习困难的主要成因是认知心理过程异常。该领域主要从信息加工和处理的过程对学习困难的成因加以解释，集中在语音加工、视觉加工、记忆过程等方面，还包括知觉、注意过程等基本信息加工过程及元认知等高级信息加工过程。

（3）教育学领域

很多学困生学习问题的产生，并不是由个体生理因素或心理过程异常造成的，而是由不合适或者不合理的教育造成的。对学习困难成因的教育学领域的探讨，多从教育不当、学习方法不当和技能缺乏等非智力因素（教师因素、教学因素、受教育过程中的自身因素等）展开。

（4）社会学领域

按照辩证唯物主义的观点，环境对人的发展有着广泛的影响。儿童生活的社会文化环境无疑会对其学习产生一定的影响。除了学校以外，儿童所处的家庭环境，如家庭经济条件、父母教养方式、家庭学习环境等，以及社会环境，如同伴群体、社区特点、媒体媒介等，都会对学习困难学生产生影响。

3. 常见的学习困难有几种类型？

根据学习困难成因，学习困难可分为四种类型：神经功能障碍性学习困难、认知加工过程障碍学习困难、学业性学习困难和社会性发展不良学习困难。也有学者把前两种类型合并称为发展滞后型学习困难。前两种属于狭义的学习困难，也就是我们所说的学习障碍，这种类型的儿童需要特殊教育体系提供专业化的专门教育；后两种属于广义的学习困难，这种类型的儿童需要普通教育体系给予特别的帮助和支持。

神经功能障碍性学习困难是指神经系统结构异常或功能障碍所致的学习困难，其本质特征是神经系统结构或功能的异常，也就是说儿童的学习困难是由神经系统结构异常或功能障碍引起的，而不是智力落后、情绪或行为障碍、感觉剥夺、文化差异、教学不当或者其他心理问题的结果。认知加工过程障碍学习困难则特指在认知加工过程的某一个或某几个环节上，如感知觉、注意、记忆、思维等存在障碍而引发的一系列学习问题。学业性学习困难通常用来专指在学习能力的获得上出现障碍，主要涉及阅读、算术、书写、拼音和写作能力等方面。社会性发展不良学习困难是指儿童除了学业成绩差、认知能力落后外，还存在社会认知缺陷、社会交往技能差、社会行为偏离、情绪出现障碍等问题，因而，这种类型的儿童在生活中不能与别人进行正常社会交往、建立良好人际关系，不能很好地掌握和遵守行为准则，不能控制自身行为，独立性较差。

如果根据DSM-5的分类，特定学习障碍，也就是我们所说的狭义的学习困难，包括阅读障碍、数学障碍和书写表达障碍这三种类型。

4. 什么是阅读障碍？

阅读障碍[1]是指儿童在阅读方面表现出明显的困难，他们在识字、拼读、理解、阅读准确性与流畅度等方面的水平与他们的年龄和智力水平不相符，严重影响了他

---

[1] BRETHERTON L, HOLMES V M. The relationship between auditory temporal processing, phonemic awareness, and reading disability[J]. Journal of experimental child psychology, 2003, 84(3): 218-243.

们的学校学习和日常阅读功能。阅读障碍可能导致学习困难学生在阅读时出现省略、替代、歪曲或添加词汇，朗读时出现错行或重读，理解时出现错误、混淆或不能理解等问题。阅读障碍儿童在学校表现为语文学习成绩，特别是字词掌握和阅读理解能力，显著低于同龄儿童，且无法通过仅接受普通教育得到改善。阅读障碍常分为字词解码障碍、阅读理解障碍以及混合型障碍等不同亚类型。

阅读障碍是学习困难群体中最常见的障碍，大约占80%[1]。阅读障碍的诊断标准是在阅读准确性、流畅度或理解方面的标准化测试中，得分低于同龄儿童的平均水平，且不能用其他因素（如智力障碍、视力障碍、教育不足等）来解释。阅读障碍的治疗方法包括个性化阅读指导、多感官教学法、阅读技能训练等，目的是提高儿童的识字能力、拼读能力、理解能力和阅读兴趣。

5. 什么是数学障碍？

数学障碍[2]是指儿童在数学学习方面表现出明显的困难，他们在对数的概念的理解、计算、推理、解题等方面的水平与他们的年龄和智力水平不相符，影响了他们的学校学习和日常数学使用功能。数学障碍可能导致学习困难学生在学习数学时出现数字的识别、排列、运算、问题解决等方面的错误，或者缺乏学习数学的兴趣和信心。数学障碍儿童在学校表现为数学学习成绩显著低于同龄儿童，且无法通过仅接受普通教育得到改善。

在学习困难学生中，数学障碍学生占比是10%～15%。数学障碍的诊断标准是在数学计算或数学推理方面的标准化测试中，得分低于同龄儿童的平均水平，且不能用其他因素（如智力障碍、视力障碍、教育不足等）来解释。数学障碍的干预方法包括个性化数学指导、多感官教学法、数学技能训练等，目的是提高儿童的对数的概念的理解能力、计算能力、推理能力和解题能力。

---

[1] 萨莉·施威茨. 聪明的笨小孩：如何帮助孩子克服阅读障碍[M]. 刘丽, 等译. 北京：北京师范大学出版社, 2019.

[2] BOCK A M, GALLAWAY K C, HUND A M. Specifying links between executive functioning and theory of mind during middle childhood: Cognitive flexibility predicts social understanding[J]. Journal of cognition and development, 2014, 16(3): 509-521.

6. 什么是书写表达障碍？

书写表达障碍可分为书面水平的写作障碍（也称为书写障碍）和意义水平的写作障碍。书写障碍是指儿童在书写过程中由于精细动作发展不良或视动协调能力不足等困难，无法按照要求准确书写，难以把文字写在规定的田字格内，书写的文字结构松散、不完整、错误率高，无法完成如听写之类的转写任务，无法用文字流畅地表达自己的思想和观点。书写障碍表现为写作时错字连篇、标点符号使用不当、字迹潦草、内容匮乏且枯燥无味。这种障碍可能是由身体或认知方面的问题引起的，也可能是由其他心理问题造成的。

意义水平的写作障碍是指儿童往往在转录技能上没有问题，可以流畅、准确书写，可以顺利完成诸如听写之类的任务，但是他们难以用书面语言准确表达认知活动，如观念，写作内容往往缺乏意义性、计划性，语言贫乏、枯燥。这一方面与工作记忆、自我调控等认知功能受损有关，另一方面与缺乏有效的写作方法和策略有关。有书写表达障碍的儿童常常伴有阅读障碍。

7. 如何认识中学阶段的学习困难？

学习困难主要发生在义务教育阶段，相较于小学阶段的学习困难，中学阶段的学习困难是一个复杂的多维度问题。中学学习困难通常是指广义的学习困难，指中学生在学习过程中遇到的各种阻碍和挑战，这些困难表现为学习成绩不佳、学习兴趣缺乏、学习动力不足、学习方法不当等。一项研究表明[1]，中学学习困难大致可以分为四种亚类型：方法品质不良型、整体不良型、动力不足型和支持不良型。方法品质不良型学生主动解决问题，简单模仿他人提供的方法，没有探索适合自身的学习方法，过分依赖他人，自身独立性、自控力等学习品质不良，受到同伴的不良影响，最终导致方法品质不良，学习效果不佳，学生成为能够主动解决问题但在放弃与坚持之间摇摆的"徘徊者"；整体不良型学生长久以来的学习成就感过低，与此形成对比的是其他活动带来的高成就感，这种落差使得他们主动放弃学习，再

---

[1] 翟珊珊. 初中生学业不良的亚类型及成因分析[D]. 陕西师范大学, 2021.

加上获得的他人支持不足，学习问题更难得到解决，学业表现较差，最终他们成为主动放弃、无力解决问题的"逃避者"；动力不足型学生在学习过程中同样有学习成就感过低的问题，主动放弃解决问题，但他人能够给予他们一定的支持，因此他们可以通过他人的支持被动解决问题，而他们自身无明确计划，导致学习动力持续不足，经历着学习成绩落后与不良学习体验的恶性循环，他们成为学习上被动解决、主动放弃的"失望者"。支持不良型学生，他们的父母对其学习与生活过度关注，但他们在问题解决方面又难以获得有效的支持，一方面为了获取他人的关注有着主动解决问题的动机，另一方面他人支持的不足使得他们只能够被动地放弃对问题的解决，自身又与他人关系紧张，他们最终成为主动解决、被动放弃的"无助者"。

8. 学习困难会伴随其他障碍吗？

学习困难学生往往伴随其他共生障碍，也就是同时患有两种或两种以上的发育障碍或精神疾病。这些共生障碍可能会加剧学习困难学生的学习和生活困境，影响他们的心理健康和社会适应。学习困难学生常见的共生障碍有以下几种。

（1）注意缺陷多动障碍（Attention Deficit and Hyperactive Disorder, ADHD）[1]。ADHD指儿童表现出持续的注意力不集中、多动或冲动的行为，超过了同龄儿童的正常水平，影响了他们的学习和日常生活。ADHD是学习困难学生中最常见的共生障碍，占30%至50%。ADHD可能导致学习困难学生出现在课堂上坐不住、分心、遗忘、犯错、组织能力差等问题。ADHD的诊断标准是在6岁之前出现至少6个注意缺陷或多动/冲动的症状，持续至少6个月，且在两种或两种以上环境（如家庭、学校）中出现明显的功能损害。ADHD的治疗方法包括药物治疗、行为治疗、心理治疗、教育干预等，目的是改善儿童的注意力、自控力、学习能力和社交技能。

---

[1] STURM A, ROZENMAN M, PIACENTINI J C, et al. The effect of neurocognitive function on math computation in pediatric ADHD: Moderating influences of anxious perfectionism and gender[J]. Child psychiatry & human development, 2018, 49(5): 822-832.

（2）情绪障碍（Emotional Disorder, ED）[1]。ED指儿童表现出持续的情绪低落、焦虑、恐惧、愤怒、敌对等负面情绪，超过了同龄儿童的正常水平，影响了他们的学习和日常生活。ED是学习困难学生中较常见的共生障碍，占10%至15%。ED可能导致学习困难学生在学习时出现厌学、逃学、拖延、自卑、自责等问题，或者在生活中出现孤僻、暴力、自伤等问题。ED的诊断是根据儿童的情绪、行为、思维和生理方面的症状以及其对正常功能的影响来做出的，根据不同的症状表现及产生的影响判断其是否属于某种特定的情绪障碍，如抑郁症、广泛性焦虑症、恐惧症、分离焦虑症、创伤后应激障碍等。ED的治疗方法包括药物治疗、心理治疗、行为治疗、家庭治疗、学校干预等，目的是提高儿童的情绪调节能力、自尊心和社交技能，优化应对策略。

（3）语言障碍（Language Disorder, LD）[2]。LD指儿童在语言发展方面表现出明显的困难，涉及听力、口语、阅读、写作等，这些方面的能力与他们的年龄和智力水平不相符，影响了他们的学习和日常生活。LD是学习困难学生中较常见的共生障碍，占5%至10%。LD可能导致学习困难学生出现发音、理解、表达、拼写、书写等方面的错误，或者缺乏学习语言的兴趣和信心。LD的诊断是根据儿童的语言能力和发展水平以及其对正常功能的影响来做出的，根据不同的症状表现及产生的影响判断其是否属于某种特定的语言障碍，如表达性语言障碍、接受性语言障碍、混合性语言障碍、语音障碍、语流障碍等。LD的治疗方法包括语言治疗、教育干预、家庭支持等，目的是提高儿童的语言能力和沟通技能。

9. 学习困难学生是智力落后儿童吗？

学习困难学生不是智力落后儿童。根据学习困难的定义，学习困难是指并非由智力或其他残疾所引起的学习成绩明显落后、学习适应明显不良等现象。学习困难

---

[1] DALGLEISH T. The emotional brain[J]. Nature reviews neuroscience, 2004, 5(7): 583-589.

[2] BHU-JA C, EUN S S. The relation of morphological awareness, vocabulary, syntactic knowledge, reading and reading comprehension in 1st through 4th graders: Inflection and derivation[J]. Journal of speech-language & hearing disorders, 2019, 28(3): 51-59.

学生最突出的表现是智力正常但学习成绩显著低于同龄学生。虽然有的学习困难学生伴有轻度的脑功能障碍或其他轻度的伤残，但其主要特点是在认知加工方面存在障碍以及缺乏正确的学习策略，没有形成良好的认知结构。

10. 学习困难学生能成才吗？

　　学习困难学生是可以成才的。世界上有很多著名的人物曾经是阅读困难者，如爱因斯坦、肯尼迪、乔布斯等。学习困难学生多表现为存在阅读困难、书写表达困难或者数学学习困难，但他们的智力是正常的。他们可以凭借在其他方面所具有的正常的认知能力实现人生的成功。他们属于最具潜能的特殊儿童类型。我们要用发展的观点看待学习困难，发展心理学的研究表明，人类身心发展具有差异性、连续性、阶段性、顺序性。个体在发展过程中出现的某些心理、语言功能差异并不等于发展缺陷。如果儿童在成长过程中能够改善这种发展偏离正常或者发展滞后的情况，那么学习困难状况就可以得到改善。一方面，随着儿童年龄的增长、身心发展的自然成熟，学习困难状况会有所改善；另一方面，恰当的教育和具体的、有针对性的教学干预不仅可以改善儿童面临的学习困难状况，还可以促进其身心发展。最重要的是坚持发展观，教师和家长应满怀信心地去帮助学习困难学生，改善他们的学习状况，提高教育质量，从而促进他们学业进步和健康发展。

二、理解学习困难学生

11. 学习困难学生在认知加工上有什么特点？

认知加工障碍是引发学习困难的主要因素。学习困难学生的认知加工特点表现在以下几个方面。

（1）工作记忆

工作记忆是一种短时记忆，可以暂时存储和处理信息，支持完成复杂的认知任务，如语言理解、阅读、学习和推理。根据不同的信息类型，工作记忆可以分为三个组成部分：中央执行系统、言语工作记忆和视觉空间工作记忆。中央执行系统是工作记忆的核心，它负责控制、监督和协调其他两个组成部分的工作，以及与长时记忆的交互。言语工作记忆是指在短时间内储存和处理语言信息的能力，与数学的符号、概念和语言表达有关。视觉空间工作记忆是指在短时间内储存和处理视觉与空间信息的能力，与数学图形、图表和空间关系有关。

阅读障碍学生和数学障碍学生在工作记忆发展上具有共同特点，即他们都在中央执行系统、言语工作记忆和视觉空间工作记忆方面，尤其是在中央执行系统和言语工作记忆方面，存在明显的缺陷[1]，这影响了他们的文字解码、阅读理解以及数学计算、问题解决等方面的能力。

①中央执行系统。中央执行系统相当于系统内核，其功能主要包括对工作记忆中各子系统功能的协调、对编码和提取策略的控制、操纵注意系统以及从长时记忆中提取信息。阅读障碍学生和数学障碍学生的中央执行系统的功能较弱[2]，例如，

---

[1] BIZZARO M, D GIOFRÈ, GIRELLI L, et al. Arithmetic, working memory, and visuospatial imagery abilities in children with poor geometric learning[J]. Learning and individual differences, 2018, 62: 79-88.

[2] CAROLA W H, BERT J, JOHAN K, et al. Untangling the contribution of the subcomponents of working memory to mathematical proficiency as measured by the national tests: A study among Swedish third graders[J]. Frontiers in psychology, 2016, 7.

他们难以抑制无关信息的干扰，难以切换不同的任务或策略，难以整合和更新不同来源的信息，难以从长时记忆中提取和激活相关的知识。这些困难会影响他们在阅读和数学学习上的效率和准确性。

②言语工作记忆。这一部分主要负责以声音为基础的信息的储存与控制，能通过默读重新激活消退的语音表征，还可以将书面语言转换为语音代码。阅读障碍学生和数学障碍学生的言语工作记忆的容量和速度水平较低[1]，例如，他们难以记住和重复一串数字或算式，难以理解和运用阅读和数学中的专门词汇或语言表述，难以保持对阅读和数学信息的记忆，难以表征和解释阅读和数学的类型和结构。这些困难会影响他们在阅读和数学学习上的流畅性和灵活性。

③视觉空间工作记忆。这一部分主要负责储存和加工视觉空间信息，包含视觉和空间两个子系统。阅读障碍学生和数学障碍学生的视觉空间工作记忆的容量和质量水平较低[2]，例如，他们难以识别和读写阅读和数学的数字或符号，难以理解和操作阅读和数学的图形或图表，难以编码和转换阅读和数学的空间信息，难以利用视觉表象信息辅助理解和运用阅读和数学信息。这些困难会影响他们在阅读和数学学习上的准确性和创造性。

（2）长时提取能力

长时提取能力是指从长时记忆中提取相关信息的能力，它是高阶认知能力的一个重要组成部分，与学习和学术成就密切相关[3]。长时提取能力可以分为两个方面：联想记忆和检索流畅性。联想记忆是指能够根据已有的知识或线索，联想出与之相关的信息。检索流畅性是指能够在一定的时间内，尽可能多地提取出特定范畴的信息。阅读障碍学生和数学障碍学生在长时提取能力方面存在不同程度的缺陷。

①难以从长时记忆中检索正确的语言或数学信息，如字母、音节、单词、乘法

---

[1] BERGMAN-NUTLEY S, KLINGBERG T. Effect of working memory training on working memory, arithmetic and following instructions[J]. Psychological research, 2014, 78(6): 869-877.

[2] BIZZARO M, D GIOFRÈ, GIRELLI L, et al. Arithmetic, working memory, and visuospatial imagery abilities in children with poor geometric learning[J]. Learning and individual differences, 2018, 62: 79-88.

[3] ERICSSON K A, KINTSCH W. Long-term working memory[J]. Psychological review, 1995, 102(2): 211.

表、公式等[1]。这意味着学生在阅读或数学学习中，不能快速、准确地回忆起所学过的基本知识，而需要花费更多的时间和精力去寻找或重复。例如，一个阅读障碍学生可能无法正确地识别字母的发音，或者无法记住常见的单词的拼写，无法准确地读出汉字，导致阅读速度慢，理解困难。一个数学障碍学生可能无法熟练地掌握乘法表，或者无法记住简单的算术公式，导致计算错误，问题解决困难。

②难以利用已有的知识或线索，联想出与之相关的语言或数学信息，如同义词、反义词、词根、词缀、同类项、对比项、例子、类比等。这意味着学生在阅读或数学学习中，不能有效地运用自己先前的知识，或者不能根据上下文或题目的提示，推断出与之相关的信息，而需要更多的外部帮助或解释。例如，一个阅读障碍学生可能无法根据词根或词缀推测出生词的意思，或者无法根据同义词或反义词理解句子的含义，导致词汇量少，理解困难。一个数学障碍学生可能无法根据已知的数学概念或规则推导出新的数学信息，或者无法根据同类项或对比项理解数学问题的特点，导致数学思维差，问题解决困难。

③难以在一定的时间内尽可能多地提取出特定范畴的语言或数学信息，如字母、单词、句子、段落、数字、符号、图形、公式等[2]。这意味着学生在阅读或数学学习中，不能灵活地调整自己的提取策略，或者不能在有限的时间内，提取出足够的信息，而需要更多的时间和精力去搜索或重复。例如，一个阅读障碍学生可能在阅读一篇文章时无法快速地提取出文章的主题、结构、观点、细节等，导致阅读效率低，理解困难。一个数学障碍学生可能在解决一个数学问题时无法快速地提取出问题的条件、目标、方法、步骤等，导致解题效率低，问题解决困难。

④难以在语音环路中进行语言或数学信息的编码和表征，如大声朗读、复述、拼写、计算、推理等[3]。这意味着学生在阅读或数学学习中，不能有效地利用自己的语音记忆，或者不能清晰地表达自己的语言或数学信息，而需要更多的外部支持

---

[1] JAEGGI S M, BUSCHKUEHL M, SHAH J P. Short- and long-term benefits of cognitive training[J]. Proceedings of the National Academy of Sciences of the United States of America, 2011, 108(25): 10081-10086.

[2] UNSWORTH N. Individual differences in long-term memory[J]. Psychological bulletin, 2019, 145(1): 79-139.

[3] MENGHINI D, CARLESIMO G A, MAROTTA L, et al. Developmental dyslexia and explicit long-term memory[J]. Dyslexia, 2010, 16(3): 213-225.

或反馈。例如，一个阅读障碍学生可能无法准确地大声阅读或复述一段文字，或者无法正确地拼写一个单词，导致阅读流畅性差，理解困难。一个数学障碍学生可能无法准确地计算或推理一个数学问题，或者无法正确地表述一个问题的答案，导致解题准确性差，问题解决困难。

⑤难以抑制无关的语言或数学信息的干扰，如噪声、杂音、错误等。这意味着学生在阅读或数学学习中，不能有效地过滤掉与目标无关的信息，或者不能及时地纠正自己的错误，而需要更多的注意力或监控。例如，一个阅读障碍学生可能无法忽略阅读材料中的次要信息而关注核心信息，或者无法纠正自己的阅读错误，导致阅读质量差，理解困难。一个数学障碍学生可能无法忽略数学问题中的无用信息或干扰信息，或者无法纠正自己的计算错误或推理错误，导致解题准确性差，问题解决困难。

（3）执行功能

执行功能是一种目标导向的能力，它在复杂的认知活动中发挥着重要的作用，如学习、决策、计划、组织、创造等。执行功能的发展受到多种因素的影响，如年龄、大脑、语言、文化、教育等。执行功能的缺陷会导致个体在认知、社交、情绪等方面存在困难，如ADHD、阅读障碍、数学障碍等。执行功能包含以下三个核心成分：工作记忆、抑制控制和认知灵活性。工作记忆指在短时间内存储、操作和更新信息的能力，它可以帮助个体在复杂的任务中集中注意力，以及在不同的信息之间进行切换和整合。抑制控制指抑制自动反应或干扰，以及抵抗诱惑和分心的能力，它可以帮助个体遵守规则和遵循目标，以及调节自己的情绪和控制冲动。认知灵活性指根据不同的情境和要求，灵活地调整和切换思维策略和行为方式的能力，它可以帮助个体适应变化和解决问题[1]。

阅读障碍学生与数学障碍学生的执行功能发展都存在明显缺陷。阅读障碍学生的执行功能缺陷是指他们在阅读过程中，无法有效地使用和协调一系列高级认知能力，如规划、组织、监控、调节和评估。这些能力对于理解和记忆语言信息，以及

---

[1] AKIRA, MIYAKE, AND, et al. The unity and diversity of executive functions and their contributions to complex "Frontal Lobe" tasks: A latent variable analysis[J]. Cognitive psychology, 2000, 41(1): 49-100.

分析和解决阅读问题具有关键作用。数学障碍学生的执行功能缺陷体现在他们的工作记忆、抑制控制和认知灵活性发展不足上。这些不足对数学学习和表现有着重要的影响。

①工作记忆。如上所述，工作记忆是个体临时存储和处理信息以执行复杂的认知任务的能力。阅读障碍学生的工作记忆能力较弱，导致他们无法有效地保持和处理字母、音节、词汇、句子等语言信息，无法跟踪和理解阅读内容，无法回忆和应用阅读策略等。数学障碍学生的工作记忆能力较弱，导致他们在数学学习中无法有效地保持和操作数字、符号、公式等信息，无法跟踪和监控计算过程，无法回忆和应用数学知识和技能等。

②抑制控制。抑制控制是个体控制冲动和自动反应，并抑制无关或干扰性的信息的能力。阅读障碍学生的抑制控制能力较弱，导致他们在阅读过程中容易分心和出错，无法集中注意力和精力，无法遵循阅读目标和遵守规则，无法做出调整和纠正错误等。数学障碍学生的抑制控制能力较弱，导致他们在数学学习中容易分心和出错，无法集中注意力和精力，无法坚持完成数学任务，无法做出调整和纠正错误等。

③认知灵活性。认知灵活性是个体适应新的、变化的和复杂的情境，并灵活地切换思维和策略的能力。阅读障碍学生的认知灵活性较低，导致他们在阅读过程中难以理解和运用多种语言技能和知识，难以从不同的角度和层次分析和解决阅读问题，难以应对阅读难题和挑战等。数学障碍学生的认知灵活性较低，导致他们在数学学习中难以理解和运用多种数学方法和技巧，难以从不同的角度和层次分析和解决数学问题，难以应对数学难题和挑战等。

12. 学习困难学生在认知加工能力上有差异吗？

受到认知能力的多样性和不同语言特点的影响，学习困难学生在一般认知能力和语言认知加工方面会存在各种差异。

（1）阅读障碍学生的语言认知特点：语音加工能力缺陷

语音加工是指个体在完成语言活动时，感知声音刺激、操作语音信息的过程，该过程涉及对语言的声音结构进行分析和操作，以便理解和产生口语和书面语。语音加工对于阅读和写作等技能的发展至关重要，因为它们都需要将文字和语音相互转换。一般认为语音加工主要包括三个部分：一是语音意识，是个体对语言声音结构的意识；二是语音提取，是在视觉刺激呈现时，提取大脑中语音表征的过程；三是语音环路，是以声音的形式对输入信息进行编码表征，以便从工作记忆中有效提取[1]。阅读障碍学生在这三个方面都存在缺陷，具体表现如下[2][3]。

①语音意识。语音意识是阅读的基础，它能帮助学生将文字和语音相互转换，建立字-音对应关系，从而实现对文字的识别和解码。阅读障碍学生的语音意识较弱，导致他们在阅读时难以分辨和操作语言的声音结构，如音素、音节、声调等。这会影响他们对文字进行准确和快速的识别，降低他们的阅读速度和效率，增加他们的阅读负担和压力，甚至导致他们对阅读产生抵触和厌恶的情绪。

②语音提取。语音提取是阅读的重要组成部分，它能帮助学生在视觉刺激出现时，从大脑中提取语音表征，从而实现对文字的理解和表达。阅读障碍学生的语音提取能力弱，导致他们在阅读时难以快速和准确地将文字转换为语音，如数字和颜色的快速自动命名。这会影响他们对文字的深层加工和理解，降低他们的阅读理解和表达能力，增加他们的阅读错误和遗忘内容，甚至导致他们对阅读失去兴趣和信心。

③语音环路。语音环路对阅读具有关键的支持作用，它能帮助学生以声音的形式对输入信息进行编码表征，以便从工作记忆中有效提取，从而实现对文字的记忆和复述。阅读障碍学生的语音环路能力弱，导致他们在阅读时难以以声音的形式存储和加工信息，如难以完成正背和倒背数字、难以进行语义工作记忆。这会影响他们对文字的长期记忆和复述能力，降低他们的阅读水平和成绩，增加他们的阅读困惑和焦虑，甚至导致他们对阅读感到无力和沮丧。

---

[1] BRETHERTON L, HOLMES V M. The relationship between auditory temporal processing, phonemic awareness, and reading disability[J]. Journal of experimental child psychology, 2003, 84(3): 218-243.

[2] COHEN-MIMRAN R, SAPIR S. Auditory temporal processing deficits in children with reading disabilities[J]. Dyslexia, 2010, 13(3): 175-192.

[3] LIU S, WANG L C, LIU D. Auditory, visual, and cross-modal temporal processing skills among Chinese children with developmental dyslexia[J]. Journal of learning disabilities, 2019, 52(6): 431-441.

汉语阅读困难还会表现为典型的语义加工困难，如语素意识、正字法意识方面的加工障碍，导致他们难以记忆汉字的含义、判断字义的异同等。

（2）数学障碍学生的认知特点：视觉空间加工能力缺陷

视觉空间加工能力是指在头脑中生成、保持、提取和转换视觉图像的能力，是空间认知能力的重要组成部分。一般由三个部分构成：视觉空间注意、视觉空间记忆、视觉空间推理。视觉空间注意指对视觉刺激的空间位置的选择和维持的能力；视觉空间记忆指对视觉空间信息的短期或长期的保持和提取的能力；视觉空间推理指对视觉空间信息的分析、比较、变换和创造的能力[1]。许多研究发现，数学障碍学生的视觉空间加工能力存在明显的缺陷，这可能导致他们在数学符号的识别、运算、问题的解决等方面遇到困难。视觉空间加工能力缺陷是数学障碍的一个关键指标，也是鉴别数学障碍学生的一个有效指标。

①视觉空间注意。数学障碍学生在进行计算时更依赖具体的物体或手指，而不是抽象的符号；在进行视觉搜索时，更容易受到无关刺激的干扰，而且搜索速度较慢。

②视觉空间记忆。数学障碍学生在执行图形记忆任务时，更难以准确地回忆出图形的形状、位置和顺序，而且容易受到干扰或遗忘，在进行多步骤计算或解题时，也容易出现数字排列错误。

③视觉空间推理。数学障碍学生在解决几何问题或空间推理问题时，也表现出心理旋转或视觉表征能力不足，在执行心理旋转任务时，更难以在脑中旋转图形或物体，而且容易出现方向或角度的错误。

此外，无论是阅读障碍学生还是数学障碍学生，内部的异质性都很强，表现出不同的认知加工特点。

13. 什么是工作记忆？工作记忆与学习困难有什么关系？

在对前面问题的解答中，我们多次提到工作记忆这个概念。工作记忆在学习中扮演着重要的角色。工作记忆又称短时记忆，它接收来自感觉记忆的信息，并从长

---

[1] ANDREA, FACOETTI, AND, et al. Visual-spatial attention in developmental dyslexia[J]. Cortex, 2000, 36(1): 109-123.

时记忆中提取信息，进行有意识的加工。工作记忆是一种容量有限的加工资源，决定我们一次能加工多少信息，工作记忆的容量一般为5~9个组块。工作记忆在对信息进行存储的同时，要对这种信息或其他信息进行加工，它为复杂的任务，如言语理解、学习和数学推理，提供临时的储存空间，并且加工必需的信息。

学习困难学生的工作记忆容量低、视觉－空间工作记忆能力差、工作记忆广度较低，较差的工作记忆与语言障碍和数学障碍都密切相关。我们常用快速命名任务、数字倒背任务检测儿童的工作记忆能力，也可以通过这些方式训练儿童的工作记忆能力。

14. 什么是执行控制？执行控制与学习困难有什么关系？

执行控制是指一种认知过程，涉及规划、组织、调节和监控个体的思维和行为，以实现目标导向的行为。简而言之，执行控制涉及管理认知资源，以执行任务并达到目标。在学习过程中，执行控制发挥着至关重要的作用。它影响学生的学习能力和学业成就，尤其是对那些面临学习困难的学生产生影响[1]。执行控制在以下方面影响学习困难。

（1）计划和组织能力。执行控制困难可能导致学生难以有效地计划学习活动或组织学习材料。这可能导致学习中的混乱和无序，使学生难以理清思路。

（2）注意力和专注力。执行控制困难可能使学生难以集中注意力，因而难以专注于学习任务。这可能导致学生分散注意力，无法持续专注于学习内容，从而影响学习效果。

（3）抑制和自我控制。执行控制困难可能使学生难以抑制冲动或控制自己的行为，尤其是在面对诱惑或分散注意力的情况下。这可能导致学生容易受到外界干扰，难以保持学习的连贯性和效率。

（4）工作记忆。执行控制困难可能影响学生的工作记忆能力，使他们难以同

---

[1] BEST J R, MILLER P H. A developmental perspective on executive function[J]. Child Development, 2010, 81(6): 1641-1660.

时处理和记忆多个信息。这可能导致学生在学习过程中遇到困难，例如，难以理解复杂的概念或解决多步骤问题。

15. 学习困难学生的学习有什么特点？

学习困难学生的学习特点包括以下方面。（1）学业技能障碍。学习困难学生可能在阅读、拼写、写作、数学等学科的学习上存在困难，普通教育往往难以使他们达到教学大纲提出的要求，他们可能需要更多的时间和特殊的支持来掌握基本学业技能。（2）记忆和注意力问题。学习困难学生在学习过程中会表现出记忆力差、注意力不集中的特点，这可能会影响他们的学习能力。（3）语言障碍。有些学习困难学生可能在语言表达、理解和沟通方面遇到问题，这可能表现为语言发展滞后、词汇或语法学习困难。（4）认知加工障碍。学习困难学生在信息加工、问题解决和逻辑思维方面存在困难，例如，他们可能会在分析信息、理解抽象概念或进行逻辑推理时遇到挑战。（5）执行功能问题。学习困难学生在组织、计划、时间管理和执行任务方面存在困难和挑战。（6）学习策略问题。一些学习困难学生可能缺乏有效的学习策略，如记忆技巧、有效组织学习的技巧、注意力集中技能等，这可能影响他们的学习效果。

16. 学习困难学生的心理有什么特点？

长期的学业失败往往会导致学习困难学生心理上的变化，表现出一定的共同特点，涉及情感、自尊、动机和适应性等。以下是一些常见的心理特点[1][2][3]。（1）低自尊和沮丧。学习困难可能导致学生对自己的能力产生怀疑，从而降低他们的自尊心。他们可能感到沮丧、习得性无助等，从而对学习产生负面情绪，缺乏学习主

---

[1] 马瑾, 潘宿奎. 学习障碍儿童心理行为问题研究[J]. 中小学心理健康教育, 2010(7): 8-10.

[2] NELSON J M, HARWOOD H. Learning disabilities and anxiety: A meta-analysis[J]. Journal of learning disabilities, 2011, 44(1): 3-17.

[3] HEATH N L, ROSS S. Prevalence and expression of depressive symptomatology in students with and without learning disabilities[J]. Learning disability quarterly, 2000, 23(1): 24-36.

动性，回避学习任务，丧失学习动机。（2）焦虑和担忧。学习困难学生长期面临学业上的挑战和压力，从而引发焦虑和担忧。这种焦虑可能影响他们的学习表现和情绪健康。（3）情绪调节困难。一些学习困难学生可能面临情绪调节困难，表现为情绪波动大、易激动或易沮丧等情感问题，从而导致学校适应不良。部分学习困难学生会自暴自弃，对学习完全丧失信心。此外，部分学习困难学生由于在学校得不到尊重和理解，有可能会产生敌对和攻击心理，这类学生往往容易出现违纪、逃学、破坏、攻击、结伙等不良行为。如果没有得到及时的干预和帮助，他们往往容易走上反社会的道路，这一点，学校务必高度重视。

17. 学习困难学生的行为有什么特点？

学习困难学生的行为特点涉及多个方面，包括学校、家庭等社交环境中的行为表现。以下是学习困难学生可能具有的一些行为特点[1][2]。（1）学校拒绝与回避。学习困难学生可能表现出对学校的拒绝与回避行为，这可能是因为他们对学习环境感到不适，或因为害怕失败而回避参与学校活动。（2）学习过程中的困难。在学校环境中，这些学生可能经常面临学习上的困难，包括难以理解教材内容、完成作业和参与课堂活动。（3）对学业的消极态度。学习困难学生可能表现出对学业的消极态度，包括缺乏学习兴趣和动机、投入程度低以及对学校的不满。（4）社交隔离。一些学习困难学生可能由于学业上的困难而感到与同龄人不同，导致社交隔离，缺少朋友。（5）问题行为。有些学习困难学生可能通过表现问题行为来应对学习困难，这可能包括冲动行为、捣乱行为、反抗行为和在学校环境中的各种违规行为。（6）注意力不集中。学习困难学生往往无法跟上课堂教学的节奏或者难以理解教学内容，可能在课堂上表现出注意力分散、难以控制自己的注意力的特点，这可能导致他们无法有效地参与学习活动。

---

[1] 陈羿君,陈洁琼,魏冰思,等.学习困难儿童焦虑情绪与行为问题的成因分析[J].苏州大学学报(教育科学版), 2013, 1(1): 60-71.

[2] 石学云.学习障碍儿童的心理与行为[M].西安:陕西师范大学出版社, 2012.

18. 学习困难学生与ADHD儿童有什么区别?

由于学习困难学生多伴随分心问题,因此很多时候会被误认为ADHD儿童。其实二者是有很大区别的。

(1)学术概念

学习困难学生是指智力水平正常,但在学习技能的获得或发展上存在障碍的学龄儿童。他们的学习成绩明显低于同龄儿童的平均水平,不能达到教学要求,但在我国未被列入残疾儿童范畴。他们的学习困难一般表现为某种具体的学习技能发展障碍,如阅读障碍、数学障碍、书写表达障碍等。ADHD是一种神经发育障碍,表现为儿童注意力不集中、冲动和多动。他们的学习成绩落后是因为注意力无法集中,而不是因为学习能力不足。他们的学习问题一般表现在注意力、自控力、组织能力、合作能力等方面[1]。

(2)大脑发育和神经机制

学习困难学生的大脑结构和功能可能与普通儿童有一定的差异,导致他们在某些学习领域存在困难。例如,阅读障碍儿童的大脑左侧的语言区域可能存在异常,影响了他们的语音、语法和语义处理。这些语言区域包括布洛卡区、维尼克区和角回,它们分别负责语音的产生、理解和存储。阅读障碍儿童的大脑的这些区域在阅读任务中的激活水平低于普通儿童,而且它们之间的联结也较弱。此外,阅读障碍儿童的大脑中负责视觉和听觉信息整合的白质纤维也存在缺陷,导致他们在字形和语音的匹配上存在困难。

ADHD儿童的问题可能与多巴胺等神经递质的水平有关,导致他们在注意力和行为调节方面出现问题。多巴胺是一种在大脑中传递信号的化学物质,它与奖赏、动机、记忆和运动等功能有关。ADHD儿童的大脑中多巴胺的合成、释放和回收可能存在异常,导致在多巴胺敏感的脑区,如前额叶、纹状体和杏仁核等,出现功能障碍。例如,ADHD儿童的大脑前额叶皮层和基底神经节之间的联结可能存在缺陷,影响了他们的执行功能。执行功能是一种高级认知能力,包括注意力、抑制控制、

---

[1] LIU YUXIN, WANG YUFENG. Neuropsychological function between attention deficit hyperactivity disorder children with and without learning disability[J]. Chinese journal of psychiatry, 2002(4): 31-34.

工作记忆、计划和组织等，它们对于学习和日常生活都很重要。ADHD儿童的执行功能较差，导致他们难以集中注意力、控制冲动、记住信息和完成任务[1]。

（3）认知机制

学习困难学生的认知机制上的不足主要是指他们在特定的学习技能方面的缺陷，如阅读理解、数学推理、书写表达等。这些缺陷可能与他们的知识、策略、元认知、动机等因素有关。例如，有阅读理解障碍的儿童可能缺乏有效的阅读策略，如预测、推理、总结等，导致他们无法理解文章的主旨、细节和逻辑。有数学推理障碍的儿童可能缺乏理解数学概念（如数的性质、运算规则、代数原理等）的能力，导致他们无法解决复杂的数学问题。有书写表达障碍的儿童可能缺乏语言知识，如词汇、语法、语用等，导致他们无法清楚、流畅、恰当地表达自己的思想和情感。

ADHD儿童的认知机制上的不足主要是指他们在注意力和自控力方面的缺陷，如选择性注意、持续注意、抑制控制、工作记忆等。这些缺陷可能与他们的奖赏敏感（reward sensitivity）、情绪调节、应激反应等因素有关。例如，ADHD儿童可能对外界的刺激过于敏感，导致他们难以过滤无关的信息、专注于重要的任务。ADHD儿童可能对奖赏的反应过于强烈，导致他们难以抵制诱惑、控制冲动、延迟满足。ADHD儿童的情绪调节能力可能较差，导致他们难以应对挫折、保持积极的心态、适应环境的变化[2][3]。

---

[1] MANGINA C A, BEUZERON-MANGINA H. What, why and how to describe "Pure" ADHD, comorbid ADHD with learning disabilities,"Pure"learning disabilities and normals?[J]. International journal of psychophysiology, 2008, 69(3): 148-149.

[2] CUTTING L E, KOTH C W, MAHONE E M, et al. Evidence for unexpected weaknesses in learning in children with attention deficit/hyperactivity disorder without reading disabilities[J]. Journal of learning disabilities, 2003, 36(3): 259-269.

[3] KARAKAS S, TURGUT S, BAKAR E E. Neuropsychometric comparison of children with "Pure" learning disabilities, "Pure" ADHD, comorbid ADHD with learning disabilities and normal controls using the Mangina-test (analytical-specific visual perception)[J]. International journal of psychophysiology, 2008, 69(3): 147-148.

（4）干预方法 [1][2]

①药物治疗。学习困难学生一般不需要接受药物治疗，除非他们同时患有其他精神或神经障碍，如抑郁症、焦虑症、癫痫症等。ADHD儿童则常常需要接受药物治疗，以改善注意力和行为问题。常用的药物有兴奋剂类药物，如苯丙胺（又名安非他明）、哌甲酯等，以及非兴奋剂类药物，如托莫西汀、抗抑郁药等。药物治疗的效果因人而异，需要医生的指导和监测，以找到合适的剂量和减少副作用。

②教育干预。学习困难学生的教育干预主要是针对他们的具体学习问题，提供个性化的教学方式、方法、内容等，设定合适的速度、难度等，以提高他们的学习能力和兴趣。例如，可以通过多感官教学法、字母-音素对应训练、阅读策略指导等来提高阅读障碍儿童的阅读技能。ADHD儿童的教育干预主要是针对他们的注意力和行为问题，提供结构化、有规律、有奖惩的教学环境，以增强他们的自我管理能力和学习动机。例如，可以通过代币激励制度、作业分步①等策略来改善ADHD儿童的学习表现。

③心理治疗。学习困难学生的心理治疗主要是针对他们的自我认知、自尊、情绪等方面，帮助他们建立积极的自我形象，克服学习上的挫折和消除困惑，增强自信和建立乐观态度。例如，可以通过认知行为疗法、催眠疗法、艺术疗法等调节学习困难学生的心理状态。ADHD儿童的心理治疗主要是针对他们的社交技能、家庭关系、同伴关系等方面，帮助他们学习得体的社交行为，改善与家人和朋友的沟通和相处，增加社会支持和提高适应能力。例如，可以通过社交技能训练、家庭治疗、同伴辅导等提高ADHD儿童的社交能力。

19. 什么是字词解码障碍？字词解码障碍儿童有什么表现？

字词解码障碍是阅读障碍的主要类型之一，字词解码是指对字形、字音和字义

---

[1] MUSHTAQ N F, RAM D, MUKHERJEE P, et al. Neurocognitive impact of ADHD in children with learning disability: A comparative study[J]. Psychological studies, 2022, 67(4): 441-446.

[2] ZARAFONITI E, MICHOPOULOU A, BELESIOTI B, et al. ADHD in children with learning disabilities[J]. American journal of medical genetics part B-neuropsychiatric genetics, 2006, 141B(7): 766-767.

① 作业分步是指将学习任务进行分解，然后根据学生的注意力程度布置适当的任务。

之间的关系进行转换。字词解码障碍是指在字的音、形、义之间的关系转换中存在困难。这种障碍可能导致儿童在识字、读写等方面存在困难，从而影响他们的学习和发展。字词解码障碍儿童经常表现为记不住字或者记字效果特别差，他们在识字、准确读出字音、完成听写或阅读任务方面都会遇到比较大的障碍。例如，他们可能会读错字、读漏字、读不出字音，或者在阅读过程中跳行、反复回视等。这些可能也会导致他们的书写速度比其他儿童慢，对汉字组词感到困难，因此他们的听写和默写成绩可能会比其他儿童差。此外，尽管这些儿童可能会正确地阅读字词，但他们可能无法理解字词在句子中的含义，这是因为他们的大脑在处理视觉和听觉信息时存在不协调的情况。

20. 什么是阅读理解障碍？阅读理解障碍儿童有什么表现？

阅读理解障碍是阅读障碍的另外一种类型，有这种障碍的儿童具有正常的字词解码水平，但在篇章的理解水平上明显落后。这类儿童在阅读时经常有以下表现：能够将一篇文章流利地读出来，但读完之后无法把文字信息转换成有意义的理解和表达，不知道文章所讲的意思，只记住其中的一些片段。即使能够认识单个字词，可能也无法理解字词在句子中的意义，或无法把握文章的主题和内容。在阅读理解的过程中，阅读理解障碍儿童缺乏阅读理解监控意识，不善于选择理解策略，难以进行有效的信息提取、分析推理和整合诠释，并且不能对自己的阅读理解水平做出正确的评价。字词解码障碍是阅读障碍的初级形式，阅读理解障碍是阅读障碍的高级形式，它们共同构成了儿童的阅读障碍[1]。

21. 什么是语音意识？语音意识与阅读障碍有什么关系？

语音意识是元语言意识的一种，是指一个人对某种语言的声音结构的敏感或清醒的意识，是儿童辨别和操作语言的语音能力。语音意识往往是儿童在早期与这种语言的长期接触中逐步获得的，进入学校后，通过大量的语言学习，语音意识发展

---

[1] 赵微. 学习困难儿童的发展与教育[M]. 2版. 北京：北京大学出版社，2020.

迅速。语音意识的培养对学习有着重要的意义，因为它关系到个体能否正确理解和运用音－义对应的规则，能否根据语音提取语义，从而影响阅读和书写能力的发展。

语音意识和阅读障碍之间的关系主要体现在语音意识对字词解码和阅读能力的影响上。研究表明，语音意识较差的人在字词解码、阅读理解等方面可能会遇到困难，因为他们在处理语音信息时存在困难，难以形成音－义－形连接，无法通过语音提取语义和语形，这可能导致阅读障碍的发生。例如，一个阅读障碍学生可能在听到一个单词或者字音后，无法准确地将其转化为书面语言，或者在看到一个字后，无法正确地发音，这就是因为他/她缺乏足够的语音意识，无法有效地处理和理解语音信息。对于拼音文字，如英语，语音意识障碍被看作阅读障碍的核心缺陷。

22. 什么是语素意识？语素意识与阅读障碍有什么关系？

语素意识也是元语言意识的一种，是指个体对口语中最小的音－义结合体的感知和操作能力，是对词汇的形态结构的意识，以及个体对反思和操作该结构的能力的意识，也就是将单词直接分解成单个语素，通过对单个语素的理解、操作来建立对整个单词意义的正确认识[1]。儿童的语言发展水平往往与语素意识紧密相连，不仅与字词识别关系密切，还影响汉语儿童阅读能力的发展。良好的语素意识是儿童习得词汇内在结构的桥梁。儿童对语素进行有效操作，可以较好地习得口语词汇，促进阅读理解的发展。汉语的语素意识非常复杂，以"灰"字为例，一字多义（同形语素，如"灰尘""灰心"），一音多字（同音语素，如"灰色""挥手"），汉语的语素绝大部分是复合词，也就是双字词，内部结构也非常复杂。

大量研究表明，语素意识缺陷可能是汉语阅读障碍的核心缺陷，汉语阅读障碍儿童存在语素意识缺陷。语素意识差的儿童可能难以理解和记忆新词汇，他们可能会混淆形体相近的字、意义相关的字、双字词中的两个语素，还可能会混淆形近字的意义，不理解字在词或句子中的意思。

---

[1] CARLISLE J F. Morphological awareness and early reading achievement[M]//FELDMAN L B. Morphological aspects of language processing. Mahwah: Erlbaum, 1995: 189-209.

23. 什么是正字法意识？正字法意识与学习困难有什么关系？

正字法意识是对一种语言文字的书写系统的结构规则的意识。正字法是文字的书写和拼读标准，不同文字的书写系统有其独特的正字法规则，这与语言和文字系统的性质相关。汉字的正字法意识就是个体对汉字的形体结构与组合规则的认识与操作，是对书面语的结构的意识，如对汉字的形体特征、左右结构、上下结构、偏旁部首等的敏感意识。

由于汉字具有独特的形体和结构，因此正字法意识缺陷是汉语阅读障碍儿童的主要缺陷之一，表现为判断部件位置、利用部件构造汉字等方面的落后，影响儿童的汉字识别能力。研究表明，正字法意识的缺陷限制了儿童的早期写作，并能作为鉴别书写表达障碍儿童的重要特征之一。

24. 什么是空间认知能力？空间认知能力与数学障碍有什么关系？

空间认知能力指的是个体对空间信息的感知、理解和处理能力。这包括对物体位置、方向、距离、形状、大小等空间属性的感知和理解，以及在空间环境中导航、定位、规划和解决问题的能力。空间认知能力在日常生活和学习中都扮演着重要角色，尤其是在数学学习中具有重要意义[1][2]。与数学障碍有关的空间认知能力主要表现在以下几个方面。

（1）空间想象力和空间方向感。空间想象力：数学涉及对空间概念的理解和应用，如平面图形、立体图形等；空间认知能力差的学生无法准确地理解和应用这些空间概念，从而更容易出现分析和解决数学问题上的困难。空间方向感：在数学学习中，学生需要理解和应用方向概念，如左右、前后、上下等；空间方向感弱的学生无法准确地理解和应用这些方向概念，以及解决与方向相关的数学问题。

---

[1] MIX K S, CHENG Y L. The relation between space and math: Developmental and educational implications[M]//BENSON J. Advances in child development and behavior. Cambridge: Academic Press, 2023: 197-243.

[2] VERDINE B N, GOLINKOFF R M, HIRSH-PASEK K, et al. Deconstructing building blocks: Preschoolers' spatial assembly performance relates to early mathematical skills[J]. Child Development, 2014, 85(3): 1062-1076.

（2）几何推理。几何学是数学的重要分支，涉及图形的性质、关系和变换等内容。空间认知能力差的学生无法准确地进行几何推理，从而无法更好地分析和解决几何图形问题。

（3）空间记忆和注意力。在数学学习中，学生需要记忆和应用空间信息，如图形的特征、位置和关系等。空间认知能力弱的学生无法有效地记忆和应用这些空间信息，解决数学问题。

25. 什么是视、听、动能力？视、听、动能力与学习困难有什么关系？

视、听、动能力是所有人学习的重要通道，我们用眼睛看东西，用听来的声音命名它，用感觉和动作体会身体感受到的信息。这三种基础认知能力在我们的脑子里，逐年叠床架屋，交互作用，产生对相同世界的不同认知[1]。

儿童形成语言能力的开端是听觉，背诵能力、辞藻语汇的丰富度、说的句子的长短，都取决于听知觉功能的发展。听知觉功能不佳的儿童有可能出现语言发展迟缓，难以听清和理解完整的话，能够表达的词汇量少，语句不够丰富，还可能表现出急躁、多动以及记忆力差，从而对学习和生活都产生不良的影响。

儿童通过视觉器官接收信息，产生对外界人物和事物的记忆与辨别，形成了"知"。听来的只是一个"音符"，例如，"猫"这个字的发音只是个声音，在英文中是"cat"，在法语中又是另一个符号，但"知"或"理解"是因为看到并摸到这个动物，才和这个音符产生了联结。视觉记忆能力和辨识能力是不断发展的，从简单的区分到繁杂的辨认，儿童对于这个世界的理解也越来越深，所以他们造句、写作的内容才会随着其能力的增强，展现出更成熟的逻辑。当儿童的视知觉功能没有发展充分时，他们在认字、抄写、阅读和理解上就会不如同龄儿童，常常抄错字，多一笔少一画，或不爱整理与思考，学习当下年级的教材就会有困难。

感觉动作功能或运动能力在儿童的发展过程中扮演着重要的角色，主要体现在

---

[1] 赵微. 心理学家的幼教课：幼儿园里的学习力衔接课[M]. 北京：中国纺织出版社，2022.

感觉动作能力能使人获得"平衡感、方向感、垂直感、快慢感、韵律感、轻重控制、肢体协调能力"。成熟的运动能力配合着视知觉能力，才会控制好距离、方向，书写线条才会越来越好；配合着听知觉能力，儿童在构音、语调、语速上才会达到同龄儿童的水平。运动能力的成熟度也决定着儿童的听课质量及配合度，年龄越小的儿童越喜欢"乱动"，活动量大，而当儿童的运动能力成熟时，他们"乱动"的现象会得以改善，配合的持久度也会有所提升。随着平时运动难度的提升，从走、跳到拍球、跳绳、踢毽子，儿童的动作、行为及其协调性和配合度越来越成熟。

26. 什么是感觉统合失调？感觉统合失调与学习困难有什么关系？

感觉统合失调，也称为感觉整合功能障碍或感觉处理障碍，是一种神经发育障碍，影响个体对感觉输入的处理和整合。这包括对触觉、视觉、听觉、嗅觉、味觉以及运动感觉等的感知和整合能力。感觉统合失调可能导致个体对感觉刺激的反应异常或不适当，影响其日常生活和学习能力。感觉统合失调可能表现为对刺激的过敏或不敏感，以及对刺激的不适或不适当的反应。例如，一些人可能对光线、噪声或触觉刺激过敏，而另一些人可能对这些刺激不敏感。此外，他们可能对日常环境中的感觉输入难以适应，导致出现情绪波动或行为问题。感觉统合失调可能会影响学习能力，尤其是在个体处理与感觉输入相关的学习任务时[1][2]。以下是感觉统合失调对个体学习产生的影响。

（1）注意力困难。感觉统合失调可能导致学生在学习过程中难以集中注意力，因为他们可能会受到环境中的感觉刺激的干扰，难以专注于学习任务。

（2）学习环境适应困难。感觉统合失调可能使学生难以适应学习环境中的感觉输入，如教室中的光线、噪声或座位排列等。这可能导致学生在学习中感到不适或焦虑，影响他们的学习效果。

---

[1] BEN-SASSON A, CARTER A S, BRIGGS-GOWAN M J. Sensory over-responsivity in elementary school: Prevalence and social-emotional correlates[J]. Journal of abnormal child psychology, 2009, 37(5): 705-716.

[2] ENGEL-YEGER B, ZIV-ON D. The relationship between sensory processing difficulties and leisure activity preference of children with different types of ADHD[J]. Research in Developmental Disabilities, 2011, 32(3): 1154-1162.

（3）动作控制困难。感觉统合失调可能影响学生的动作控制能力，使他们在执行学习任务时难以控制自己的动作或姿势。这可能影响他们的书写、绘画或其他动作技能的发展。

27. 什么是元认知？元认知与学习困难有什么关系？

元认知是认知主体对自身心理状态、能力、任务目标、认知策略等方面的认识，也是个体对自己的认知过程的自我意识和自我监控。学习过程不仅是对所学材料进行识别、加工和处理的认知过程，也是对该过程进行积极有效地监控和调节的元认知过程。

元认知包括元认知知识和元认知控制。元认知知识是元认知的基础，包括关于个人的知识、关于任务的知识和关于学习策略的知识这三个方面；元认知控制是对认知行为的管理和控制，是个体在进行认知活动的全过程中，以自己正在进行的认知活动为意识对象，不断地对其进行积极、自觉地监视、控制和调节，包括对认知活动的计划、监控和调节这三个方面。元认知能力与个人的学习策略密切相关。

元认知缺陷是有认知加工过程障碍的学习困难学生的主要特征之一。元认知能力缺乏的儿童往往无法了解自己的学习过程、学习策略，无法反思与总结自己的学习策略等，对自己在学习活动中所产生的认知和情感体验缺乏清楚的、正确的认识。学习困难学生的元认知整体水平显著低于同龄学生，主要表现在三个方面：学习困难学生不能很好地预测或计划自己的学习，难以形成有效利用的认知策略系统；学习困难学生不能自觉地使用有效的学习策略；学习困难学生缺乏对学习过程的有效监控，从而降低了学习效率与成功的可能性。学习困难学生的元记忆监控能力不足，缺乏对合适的记忆策略的有意识选择，从而影响记忆加工方面的发展水平。

28. 什么是学习策略？学习困难学生在学习策略上有哪些缺陷？

学习策略是个体调控自己的认知活动以提高认知操作水平的能力，是学习方法与学习的调节与控制的有机统一体，它包括具体的学习方法或技能以及学习的调节和控制技能。

学习困难学生缺乏运用学习策略的基本技能，往往难以及时掌握学习内容，从而造成过多的学业误差累积，形成学习困难。此外，他们还对学习过程和学习策略的作用缺乏了解，缺乏记忆策略、元认知策略，存在学习策略迁移困难，解决问题的技能和思维技能贫乏[1]。其表现为在记忆新信息和知识时遇到困难；在面对问题时难以确定问题的本质，无法有效地规划、监控解题步骤以达到目标，不能灵活地选择相应的策略，也少有运用策略的意识；在安排学习时间和学习事项的优先级时遇到困难；在自我激励、自我评估和自我反馈等过程中遇到困难。

29. 什么是自我效能感？学习困难学生的自我效能感是怎样的？

自我效能感是指个体对自己是否有能力完成某一行为或任务做出的推测与判断，也可以体现个体对自己要完成的学习任务是否抱有信心和期待，与能否成功学习密切相关。

学习困难学生普遍存在的一个特点就是自我效能感低，缺乏信心和动力，对学习不感兴趣，不认为通过自己的努力可以改善自己的学习效果。原因主要在于他们不能正确归因。学习困难学生的归因特点与普通儿童存在显著差异，如对积极事件的归因，普通儿童的归因风格更积极，更多地把积极事件归因于内部的、稳定的、普遍存在的因素，而学习困难学生的归因更消极，认为成功具有偶然性，且这种倾向较稳定，无年龄差异。对于消极事件，普通儿童将其出现原因归于个人内部因素且认为其是可控的，而学习困难学生更多地认为其出现原因是稳定的，在各种情境下都会出现。学习困难学生常将失败原因归于内部不可控因素，如不够聪明、能力差，而较少将学习失败归因于努力的程度不够。不良的归因模式往往会带来更大的学习困难。

---

[1] 刘翔平. 儿童学习障碍100问[M]. 北京：北京师范大学出版社，2011.

30. 什么是习得性学习无助？

习得性无助最早由美国心理学家马丁·塞利格曼（Martin Seligman）提出，指个体在某一件事情上反复面对困难或失败时，产生一种无法改变或控制情境的感觉，导致其在学习和生活中失去积极性和自信心，并且把这种感觉泛化到其他情境中。正确的归因能够帮助学生树立信心，减少习得性无助现象的发生[1]。例如，有一位学生连续几次数学考试不及格，尽管他付出了很大的努力去复习和准备，但成绩依然没有提高。在这种情况下，这位学生可能会开始相信他的数学能力是无法提高的，即使再怎么努力学习，也无法改变结果。于是，他在接下来的数学考试中可能就不会那么投入和努力，甚至可能完全放弃学习数学，这就是一种典型的习得性学习无助的表现。教师在教学过程中要尽量防止学习困难学生产生习得性学习无助。

---

[1] 石学云.学习障碍儿童的心理与行为[M].西安：陕西师范大学出版社，2012.

三、发现学习困难学生

31. 学习困难学生有哪些突出特征？

学习困难学生的突出特征包括三个方面：一是认知特征；二是情感与社会性特征；三是行为特征。

（1）认知特征

①认知与元认知存在缺陷。

②在某些学科领域学业成就低下。学习困难学生在语文和数学这两个学科上最有可能存在学习困难。

③较差的记忆力。

④注意缺陷和多动。

⑤知觉失真。

（2）情感与社会性特征

①社交技能不足。主要表现在难以与他人正常交往，无法恰当接受某种习惯和他人的称赞，不能提出异议或者积极回应。

②较低的自我评价。学习困难学生在学习上常遭挫折，长期的挫败感和失望情绪会转变成普遍缺乏价值和潜力的感觉，严重影响他们对自身能力的认识。在面对学习任务时，经常会以"我不会"为由逃避学习。

③缺乏学习动机。学习困难学生由于屡遭学业失败，和其他学生相比，他们的学习欲望低下，缺乏求知欲。

④消极的情绪状态。当面对学习任务时，学习困难学生更易焦虑、抑郁、过分敏感、孤独和忧郁，甚至出现轻度身体疼痛。

（3）行为特征

①适应性行为缺陷。适应性行为是指个体为了满足多种环境的要求，有目的地、

妥善地利用有效的方式组织自己的生活的主动过程。学习困难学生经常表现出适应性行为的缺陷，而这进一步影响了其学习的进步和社会关系的建立。

②破坏性行为。破坏性行为是指妨碍和中断正常活动的行为。部分学习困难学生会表现出攻击行为、干扰正常课堂教学的行为和其他妨碍在校正常生活的行为。

③退缩性行为。部分学习困难学生会表现出退缩性行为，不愿意尝试与努力，担心失败。社会性退缩性行为可能与和他人交往的失败经历或者失败的学业让自己感到无能有关。

32. 学习困难学生在学校中很普遍吗？

根据美国国家教育统计中心的数据，尽管美国的学习障碍儿童的总数不详，但在2019—2020学年，美国有730万名3岁至21岁的学生（约占公立学校学生总数的14%）接受了《残疾人教育法》（Individuals with Disabilities Education Act, IDEA）规定的特殊教育服务，在这些学生中，33%（约占学生总数的5%）有特定的学习障碍，有学习障碍的男生与女生的比例是5∶1。[1]

早期研究者普遍认为，因为汉语语言文字具有特殊性，所以讲汉语的儿童不存在学习障碍问题。对于儿童的学习困难，只是简单地将其归因于儿童上课注意力不集中、学习兴趣不高、存在智力问题等因素。然而，斯蒂文森（Stevenson）等人在1982年的一项跨国研究中发现，日本、中国、美国这三个国家的儿童阅读障碍的发生率分别为5.4%、7.5%、6.3%，没有显著差异。这意味着在汉语学习中同样存在严重的阅读障碍问题。依据这一研究结果，根据《2022年全国教育事业发展统计公报》中公布的我国义务教育阶段在校学生人数1.59亿进行推算，我国阅读障碍学生约为1193万，这还不包括其他类型的学习障碍儿童。由此可见，学习困难学生在学校教育中是一个非常大的群体，应该引起基础教育学校和家长的高度重视。

---

[1] National Center for Educational Statistics. Students with disabilities[EB/OL]. [2025-2-28]. https://nces.ed.gov/programs/coe/indicator/cgg.

33. 为什么要对学习困难学生进行评估？

对学习困难学生的评估与鉴别是一项很复杂的工程，不同于对其他特殊儿童群体的评估。学习困难学生的表现虽然明显，特别是在学业成绩方面，但成因复杂，并受到自然发展和成长成熟过程的持续影响，因此想要客观地了解他们的学习困难状况，并为他们制订个别化教育计划和支持措施，对他们进行评估就显得尤为重要。

（1）有助于了解学生的学习困难状况。评估结果可以揭示学生的学习困难的具体性质和原因。它有助于确定学生是否有认知、语言、注意力、执行功能或情绪等方面的问题，以及这些问题如何影响学习。了解学生的学习困难状况，有助于为他们提供相应的支持和干预措施。

（2）指导个别化教育计划的制订。评估结果可以用来指导制订个别化教育计划，以满足学生特定的学习需求。根据评估结果，教育工作者可以确定学生需要的学习支持、特殊教育服务、适应性教学策略或资源，以确保学生在教育环境中获得最大的学习效益。

（3）有助于提供适当的支持和资源。评估结果可以帮助教育工作者确定学生所需的支持和资源，以为他们提供在学习环境中获得成功的机会，这包括配备辅助技术工具、提供学习辅导、调整课程难度或提供个别指导等。

总而言之，儿童在成长过程中全面充分发展，是个体健康和家庭幸福的重要组成部分。因此，科学认识"学习困难"，有效识别影响儿童学习进步的因素并及时干预，意义重大。

34. 学习困难学生的评估主要包括哪些内容？

依据学习困难的定义和产生原因，评估可分为标准化评估和非标准化评估。

（1）标准化评估

①智力测验。常用的是韦氏儿童智力测验（WISC-IV），旨在了解学习困难学生当前的智力是否正常，也可以使用瑞文标准推理测验进行团体测验，这些测验要由经过专业培训的人员施测。②标准化学业成绩测试。如果没有标准化学业测试成

绩，也可以采用学生在校一年或两年的期中、期末成绩作为参考标准，一般以低于年级平均成绩的 1.5 个标准差作为判定潜在风险学习困难学生的指标，以低于年级平均成绩的 2 个标准差作为判定学习困难学生的指标。③心理过程测试。采用具有良好信度和效度的量表进行认知评估，如 CAS 测验、WJ 认知能力测验等，了解儿童认知能力的特征与障碍，从而更加明确其学习困难类型和障碍特征。

（2）非标准化评估

①非标准化的阅读能力测试。这种测试具有一定的弹性，由教师从易到难安排阅读材料，观察学生在阅读过程中出现的问题，还需不断提出问题，以考查学生的理解能力，可以把这种测试跟学生所学习的课程和内容结合起来。②弹性评估。由教师对学生的课堂学习行为进行教育评估，以衡量教学方法，改进实际教学效果。③真实性评估，也叫表现性评估。创设学生"展示"的平台，先对学生的学习活动进行观察，根据学生的能力安排特定任务，从而反映学生的真实学习能力。

35. 如何对学习困难学生进行评估？

学习困难学生的评估过程主要包括以下步骤。

（1）搜集基本信息。这对正确的评估很重要，其中包括学生早期的经历（出生史、健康史、生长发育史、教育经历），家庭状况（家庭基本情况及教育情况），学校生活基本情况（学生在校表现、教师情况、同学关系）。（2）实施系统性标准化测验评估。智力评估是基础，为了进一步了解学生存在的具体问题，还需实施其他认知方面的评估（学业成就评估、认知能力神经心理过程测验）。（3）实施过程性评估。展开细致的课堂观察（课堂表现、学习任务分析、同伴合作等）及课间观察（活动方式、同伴交往等）。（4）做出诊断决策。通过仔细分析和查证搜集到的信息，对学生的学习困难的表现、类型、成因等做出说明，还可以制订教育矫正计划等。（5）提供教育建议。根据评估结果提出教育建议。为制订教育计划提供依据，包括教育安置、额外辅导、特殊训练、教学计划、家校配合等。需要注意的是，除关注学生的困难和不足外，还应帮助学生发展优势能力及潜在能力。

36. 学习困难学生的常见表现有哪些？

了解学习困难学生的常见表现，有助于教师和家长尽早发现学习困难学生。

（1）学业成就低。这是学习困难学生的主要特征。学业成就低下可以表现在任何学业领域中。其中，学习困难学生在语文（包括汉语和其他语言）和数学这两个学科上最有可能存在学习困难。

（2）较差的记忆力。很多学习困难学生很难记忆那些通过视觉或者听觉传输的信息。教师总是说这些学生常常忘记单词的拼写、词汇的用法、数学定理等。一些研究者认为，这些学生不能自如地运用记忆技巧（如重复记忆、联想记忆等）提高记忆效果[1]。

（3）注意缺陷和多动。学习困难学生上课时缺乏积极思考并随时把注意力转移到新知识学习上的能力，不能排除外界干扰，总是被无关事物吸引。他们上课时的各种小动作非常多，例如，不停地玩弄铅笔，掰手指，或坐立不安，东张西望，从而严重地影响学习。

（4）知觉失真。如前所述，很多学习困难学生存在视觉和听觉障碍，无法精确复制知觉印象，如学习语文时无法准确读出或书写汉字，学习数学时无法认清数字、计算符号等。这种知觉能力对低龄学生的语言与数学学习至关重要。

37. 教师如何在课堂中观察与发现学习困难学生？

学习困难学生的课堂表现一般有以下特点。（1）学业成就低。考试成绩差，在听、说、读、写、计算、思考等学习能力的某一方面或某几个方面存在显著困难，如阅读时添字、少字、漏行，以及计算公式混淆、计算错误率高等。（2）认知功能异常。注意力、记忆力、感知觉、推理等能力落后，学习速度慢，跟不上进度，"漏斗型"记忆力。（3）内在能力发展差异显著。当对儿童实施认知能力评估时，学习困难学生常表现出认知能力发展不均衡的特点。（4）具有排除性。以上问题的出现并非由感官、情绪、听力、视力、智力等方面的障碍引起。

---

[1] 赵微. 学习困难儿童的发展与教育[M]. 2版. 北京. 北京大学出版社, 2020.

38. 教师如何发现学生的阅读困难？

如果教师在教学中发现学生具有这样一些特点，就要警惕该学生有可能存在阅读困难：经常忘记一个学过的字应该怎样写；阅读时总是一个字一个字地读；经常混淆同音字的意义；经常混淆形状相似的字；根据拼音写汉字的作业总是做得很差；学过的字常常不会读；听写测验常常做得不好；经常混淆形状相似的字的意义；常常不理解一个字在词中的意义；不理解一个词在句子中的意义；多动、注意力难以集中。这一类学习困难表现为在文字的学习上有困难，但在其他学习方面没有太大的困难。

39. 教师如何发现学生的数学学习困难？

数学学习困难主要表现为计算困难与问题解决困难。（1）计算困难表现为在进行加、减、乘、除四则运算上的困难[1]，这是低年级数学学习困难学生的主要特征。计算困难学生的作业和试卷中会有大量的计算错误，很容易被教师发现，但是需要注意，这些计算错误不是由粗心大意造成的，而是他们难以掌握计算的原理和规则，这与其工作记忆、执行功能、元认知能力以及具体的学习策略密切相关。（2）问题解决困难学生往往会在解应用题时遇到困难。最主要的表现是他们在理解和解决数学问题时，元认知策略、问题表征策略使用不当。

40. 教师如何看待学习困难学生？

教师不能将学生的学习困难与他们的学习动机不足视为等同，有学习困难的学生不是懒惰的、笨拙的，也并非不爱学习，而是面临着难以胜任学习的问题和窘境。教师对待学习困难学生应该持有一种积极的、包容的和愿意倾听的态度。

（1）理解。教师应该理解学习困难的性质和成因，包括学生可能面临的认知问题、学习技能困难和情绪问题等。要意识到，学习困难是学生掌握学习技能和知

---

[1] 刘翔平. 中小学生心理障碍的评估与矫正[M]. 南京：江苏教育出版社，1999.

识的障碍，不要将其归结为学生的态度与人格问题。

（2）包容。教师应该包容学习困难学生，不要因其学业上的落后就否定他们，将他们与其他学生区别开来或疏远他们。教师应该为他们提供有针对性的支持和资源，鼓励他们参与课堂和社交活动，并与他们保持联系，以便识别难点和制订解决方案。

（3）倾听。教师应该认真了解学习困难学生的需求和关注点，更好地理解他们并提供指导。可以与学生沟通，了解他们的学习过程、成就、难点和感受。

（4）个性化。教师应该为学习困难学生制订个别化教育计划，以满足其个别化的学习需求，包括提供特定的教育资源、提供个别指导、调整课程难度、制订特殊考试安排方案等。

（5）鼓励。教师应该鼓励学习困难学生，促进他们取得进步和成功，使他们建立自信和受到尊重。教师应该赞扬学生的努力和成就，而不仅仅是他们的成绩。

每个学生都有自己的学习方式和节奏。教师应该善于从学生的角度出发，理解他们的学习需求，并创建友好、包容和易于适应的教育环境，以最大限度地促进学生的学习和发展。

41. 教师发现学生有学习困难，该怎么办？

当教师发现学生有学习困难，但并不能确定其是否有学习障碍时，需要专业的评估。教师可以跟家长积极沟通，建议将学生转介至相关专业机构接受评估，并做好家长的指导工作。除此之外，教师可以通过观察和学习关于学习困难的专业知识，在教学过程中帮助学习困难学生。通常，我们可以通过在集体教学中给予个别化支持、开展课后小组辅导和一对一针对性辅导等方式对学生进行有针对性的认知与学业以及心理与行为干预。

（1）了解学生的学习困难。教师应该观察学生的学习表现，包括学习速度、注意力、理解力、记忆力、语言表达能力和问题解决能力等方面，并记录它们。这有助于了解学生的学习难点，并制订个性化的支持和帮助计划。

（2）制订个别化教育计划。教师应该根据学生的困难和需求，制订个别化教育计划，例如，调整课程内容和难度、提供额外的学习支持，或者使用多种教学方法和资源，以满足学生的学习需求。

（3）提供支持和资源。教师可以与学校的资源教师或专业支持团队合作，并利用可获得的支持和资源来帮助学生。这可以包括提供定期的辅导、制订特殊考试安排方案、使用辅助技术工具和材料等。

（4）与家长合作。教师应该与家长合作，并与他们分享在学校观察到的情况和由此产生的疑虑。通过与家长合作，教师可以了解学生在家庭环境中的情况，与家长共同制订支持学生的计划。

（5）对接专业支持。如果教师的支持措施无法改善学生的学习困难状况，可以寻求专业人士的帮助，如医生、特殊教育专家或心理健康专业人士等，以获得更多的评估和支持服务。

教师应该认识到，每个学生面临的困难和挑战不尽相同。因此，个性化的支持和适应性的教学方法是解决学生的学习困难的关键。教师需要保持耐心，了解、理解和支持学生，并与他们的家长和专业人士合作，以建立友好、包容和易于适应的教育环境，从而帮助学生克服他们的学习困难。

42. 学习困难学生的安置形式有哪些？

在我国大陆地区，学习困难学生尚未被纳入法定特殊教育对象，因此这类学生仍然在普通教育环境中接受教育，而普通教育学校缺乏满足学习困难学生的特殊需要的支持系统，事实上，他们并没有享受到所需要的特殊教育。鉴于我国学习困难学生接受学校教育的现实，依托融合教育在普通教育学校建立的资源中心，对学习困难学生可采取以"普通班为基础"的学习支持系统的教育安置形式。根据学习困难的严重程度，给予学生不同层级的干预支持。对于轻度学习困难学生，可以在集体教学中予以特别的指导以及家长咨询；对于中度学习困难学生，需要辅以专门的小组干预；对于学习障碍儿童，则需要提供额外的一对一干预支持。

43. 如何在普通教育学校建立学习困难学生发展支持体系？

我们可以在资源中心或者心理健康咨询中心的基础上扩充其服务内容，在学校建立三层级、双系统的学习支持中心（资源中心）。对不同程度的学习困难学生开展差异化教育支持。

（1）三层级

"三层级"指从"一级课堂"到"二级小组"再到"三级个别"的全覆盖的支持层级。

①第一层级主要为课堂中的课程学习支持。面向全体，适度兼顾，正确处理群体与个体的关系，提供核心教学支持，保证80%的学生都能成功学习。普通班教师在日常课堂教学中渗透个性化教学，将针对学生个体的教学内容科学地统整（穿插）到集体教育活动中，恰当处理个别教学（支持）与集体教学的关系，为轻度学习困难学生提供课堂学习支持，预防学生出现更严重的学习困难，避免其在课堂教学中被边缘化和隔离化。

②第二层级主要为小组中的支持。针对无法通过集体教学实现成功学习的大约20%的学生，开展分层或小组支持教育，纠正其学业、行为和心理误差，达到改善其学习困难状况和提高基础学习能力的目的。学习支持系统工作小组通过系统学业评估动态追踪学生的学习能力与成绩，结合教师推介和课堂观察确定小组支持对象，制订有针对性的教学支持计划和方案，并在小组支持期间动态评估学生的认知、学业、心理、行为表现，基于评估结果进行动态调整。

③第三层级主要为个别化支持。针对通过分层和小组教学仍然不能适应的约占5%的学习障碍儿童，采取"一对一"的个别支持教育。三级个别支持不仅是教育干预，也是逐级教学支持，旨在达到发现和评估学生的特殊教育需求的目的。依据综合评估结果，学习支持系统工作小组的专业教师与学科教师、家长合力为学生"量身定制"个别化教育计划并实施。结合学业干预，实施密集、持续的基础认知能力干预，并对每个学生的教育情况进行详细记录和持续评价，依据学生表现及时调整个别化教育计划。

在三层级的支持中采取教学内容弹性处理、教学策略调整、教学环境调整等方法，通过模块化、系统化课程资源提供支持，实现教学环境、学习内容、教学评价的分层处理，将教育教学各环节与学习困难学生的学习状况有效衔接，为其个性化成长提供支持；通过多元联动、科学评估、个性化方案制订，形成促进学生全面发展的育人体系和支持模式，为学生的个性化成长提供可能。

（2）双系统

"双系统"指面向学生个体的认知与学业系统和心理与行为系统，这两个系统提供综合支持，强调支持的全面性，通过认知与非认知因素的全面改善促进学生成长。

①认知与学业系统。认知能力是目前研究最多的对学业成绩最稳定的预测因素之一。个体层次上，感知觉记忆、注意、推理能力等认知因素上的差异是导致学生的成绩差异的重要来源。据此面向学习困难学生提供教学支持时，不能仅仅关注其学业误差的弥补，更重要的是深层认知加工技能的提升、学习能力的增强和学习动机的激励。

②心理与行为系统。长久的学习困难困扰往往会导致学生自我效能感低下、消极情绪增加、行为表现不良、同伴关系紧张以及师生关系紧张等一系列心理与行为问题，使得学习困难问题进一步恶化，形成恶性循环。因此对学习困难学生的支持，还应关注其心理环境的改善、不良习惯的纠正、良好习惯的培养和巩固，以促进其良好个性的发展。

44. 什么是增值性评价？如何在普通教育学校中开展对学习困难学生的增值性评价？

不同于结果性评价，增值性评价旨在关注学生的进步和成长，而不是仅仅关注学生的表现水平。增值性评价强调对学生的个性化评估，关注学生在不同阶段的进步情况，以及他们在学习过程中所取得的成就。增值性评价可以帮助教育工作者了解学生的学习需求，制订个性化的教学计划，并为学生提供适当的支持和资源。

在普通教育学校中将增值性评价的理念和方式引入、应用到对学习困难学生的评价中。第一，普通教育学校革新学生评价的理念和方式，将增值性评价应用到对学生的综合发展评价中，关注学习困难学生的进步与成长，而不是是否达到平均水平。第二，建立针对学习困难学生全面发展的评价指标或系统，将思想品德、学业水平、身心健康、艺术素养、社会实践、科学知识以及生活技能掌握情况作为基本内容，突出对社会适应能力、劳动技能等方面的综合评价，扬长避短。第三，有针对性地实施个别化评价，将适合不同学生的、调整过的知识和能力标准作为评价依据，并根据学习困难学生的优势学习方式和能力，灵活安排考试形式，如单独考试、延长考试时间、允许口答、教师读题等，允许学习困难学生使用优势能力参加考试。

四、支持学习困难学生

（一）教学支持

45. 如何提升学习困难学生的基础认知能力？

基础认知能力是指儿童在基础教育阶段所应具备的学习能力，是认知能力的组成部分。在小学阶段，基础认知能力主要包括注意力、工作记忆、加工速度、数学认知、计划能力，这些能力与小学乃至整个学习生涯都有密不可分的关系。提升学习困难学生的基础认知能力，可以从以下方面进行。

（1）在形成良好行为习惯的同时，培养基础认知能力

小学阶段是培养各种良好生活、学习与行为习惯的关键期，也是发展基础认知能力的重要时期。在早期，这两方面的培养不是截然分开的。教师和家长在培养孩子良好的行为习惯时，就要考虑这些行为习惯的培养对发展其基础认知能力的作用，通过培养行为习惯发展这些能力，例如，培养孩子的独立意识和生活自理能力。

（2）循序渐进，遵循儿童的成长特点

基础认知能力是随着儿童的生理和心理发展而逐步发展起来的，在不同的年龄阶段有不同的表现。以注意力的发展为例，在婴儿期以无意注意为主，在幼儿期逐渐发展出有意注意，而且注意的时间、广度和注意的转换能力等都逐渐发展；再以运动能力的发展为例，随着神经活跃性的增强，运动能力的提高，幼儿的行动和完成活动的速度都会逐渐提高；儿童在 8~12 个月大时开始运用语言，符号表征能力得以提高，并开始使用和积累间接经验，从而促进了记忆力的进一步发展。这些能力在不同的年龄阶段会有不同的表现。教师和家长要根据儿童的能力发展的特点，循序渐进地引导儿童。

（3）加强引导，开展基础认知能力训练

基础认知能力不是一种显性的能力，并非只在学习活动中才能够体现出来。教师可以在教学活动中有意识地开展培养基础认知能力的教学活动。例如，数学活动中的数数，如倒背数字，训练孩子的工作记忆；语文阅读中的仔细阅读，如寻找关键信息，训练孩子的记忆力；美术、手工活动，训练孩子的观察、计划能力；体育活动中的各种速度反应游戏，训练孩子的加工速度；等等。

46. 如何将基础认知能力训练嵌合到学科学习中？

学科知识的学习大多具有提升基础认知能力的功能，而不仅仅是知识的简单积累。有针对性的基础认知能力训练可以结合学科知识的学习。例如，在训练注意力时使用的舒尔特方格可以有很多变式，如数字、汉字、字母等，将其与小学教材内容结合起来，灵活运用；在训练听觉注意时可以朗读语文文本内容，让学生注意倾听，以听到某个词汇就快速指出来的方式训练，同时巩固学科知识；在训练加工速度时使用的划消训练可以有很多变式，如数字、拼音、单词、汉字等，使用时将其与教材内容结合起来，灵活运用；在训练数学认知时可以融入数学课程学习的内容。加工速度可以通过快速数字命名、快速计算接龙、快速组词接龙等游戏得到训练，也可以在体育课上结合运动反应速度的练习得到训练。

总之，在选择认知训练内容时尽可能融合小学课程的内容，这样，不仅能达到训练的目的，还可以巩固学科知识。

47. 什么是通用教学设计？如何在教学中实施通用教学设计？

通用教学设计（universal instructional design）是根据学生的认知能力与大脑加工网络的运行特征，强调运用多种方法使教学适合于不同情境中的不同背景、不同学习风格、不同认知能力的学习者的需要，通过调整课程内容和教学方法进行差异化的教学设计，旨在促进每位学习者的发展。当前，在国家课程标准统一而学生差异显著的情况下，遵循学生的大脑与认知的发展规律，根据统一的新课程标准，采用适合每位学生的教学设计，是真正落实新课程改革理念、深化新课程改革的关键。

通用教学设计对普通教育教师将教学内容转化为学习困难学生可以接受的内容和教学方法至关重要。第一，确定明确的教学目标，并将课程目标转化为清晰的课堂教学目标，在确定课堂教学目标时不要太具体，而要给予学生一定的自由度，支持他们以自己的方式达到目标，从而保证学生学习的创造性与成功。第二，采用灵活多样的教学方法与策略，鼓励教师采用灵活多样的方式呈现课程内容，也鼓励学生采用灵活多样的途径呈现学习结果。第三，倡导持续而有效的过程性评价。总之，通用教学设计在教学目标、教学内容、教学评价等各个环节上都体现出了促进每位学生发展的个性化教学设计理念。

48. 对学习困难学生进行汉语拼音教学有哪些指导策略?

汉语拼音对早期语言的学习有重要的桥梁作用，我国大部分地区将汉语拼音的教学安排在小学一年级的第一学期。教师可以用到的指导策略主要有以下两种：第一，拼读法教学，这是我国拼音教学中最传统和最常用的方法，即将声母、韵母及声调按照拼读规则正确拼出；第二，直呼法教学，即让学生按照整体认读法将一个个音节直接读出来，这种方法不仅能培养学生对汉语拼音准确的判断力和敏锐的反应力，还能够减少拼读时间，提高阅读拼音读物或注音读物的速度，为大量阅读提供有利条件。

对有语音加工困难的一年级学习困难学生而言，要尽量利用其已有的口语经验支撑拼音的学习，先从学生熟悉的口语词汇开始，然后拆分出音节，再学习单独的声母或者韵母，声调的学习要通过与口语词汇结合的方式进行，如图1所示。

49. 对学习困难学生进行字词教学有哪些指导策略?

字词是学生进行阅读理解与写作的基础，只有具备充足的识字量和准确的字词理解能力，才能进行有效快速的阅读和高质量的写作，因此字词教学在低年级语文教学中尤为重要。教师可以用到的指导策略主要有以下八种。第一，韵语识字教学。将需要识记的汉字编写进短篇韵文中，通过感受生动的韵味来掌握其中的字。第二，字理识字教学。将需要掌握的汉字以绘画、图片和视频等方式让学生进行理解和识

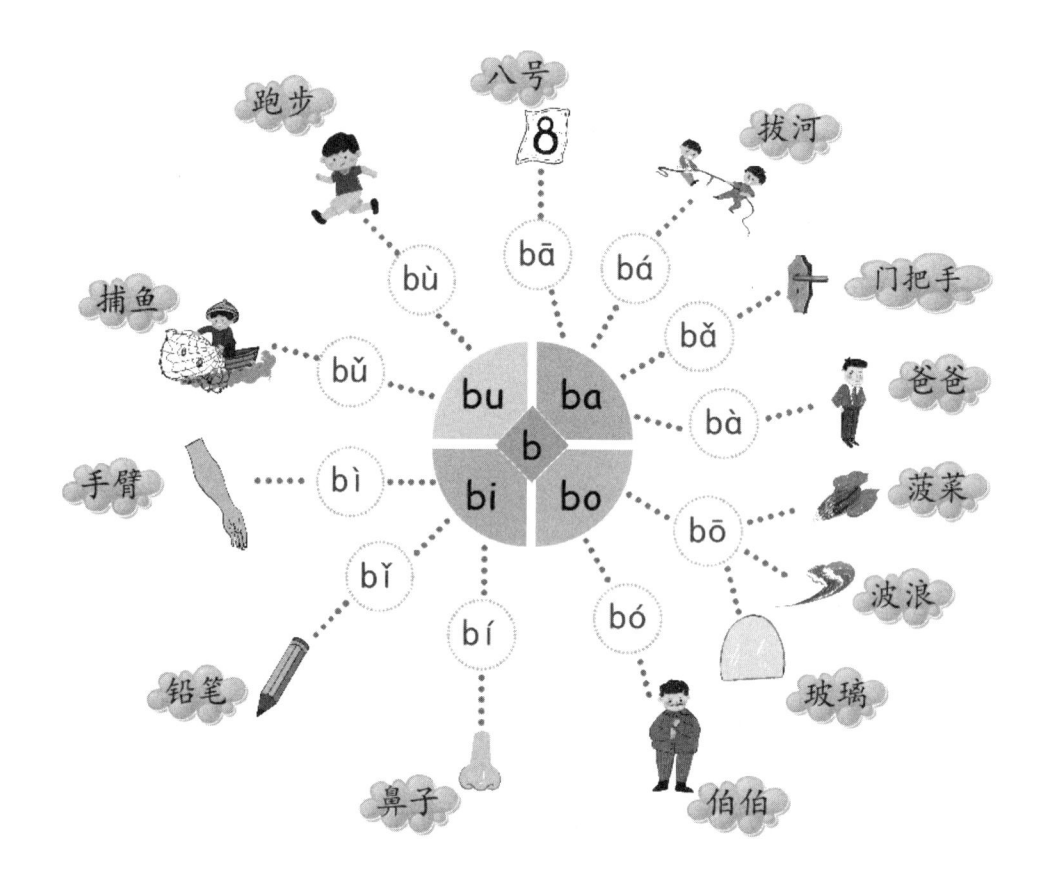

图 1　拼音教学示例图

记。第三，生活识字教学。将需要识记的汉字放进学生的日常生活化场景中进行教学，加深学生理解，激发学生识字兴趣。第四，形声字规律教学。利用形声字的形旁表义、声旁表音的规律进行教学，如"惊""披""露"等字。第五，字族文识字教学。汉字具有派生能力，"母体字"——"子体字"（音形相近）——"字族文"，教学中一边学文，一边识字，利用汉字特点进行举一反三的识字学习，如图 2 所示。第六，一字多义（同形语素）教学。通过组词、配图、造句等方式，在具体的语境中用学生可以理解的话对字的不同语义进行解释，帮助学生理解和应用。第七，同音字（同音语素）教学。依据学生已有的口语经验和识字经验，通过配图示意、字形分析和组词造句，对相同读音的字进行字形和语义辨别。第八，形近字（正字法）教学。从字形结构、字族、部件的意义上来区别相似字形，如"袋、装"，下半边的"衣"表示与"布"有关，上半边的"代""壮"表示读音。

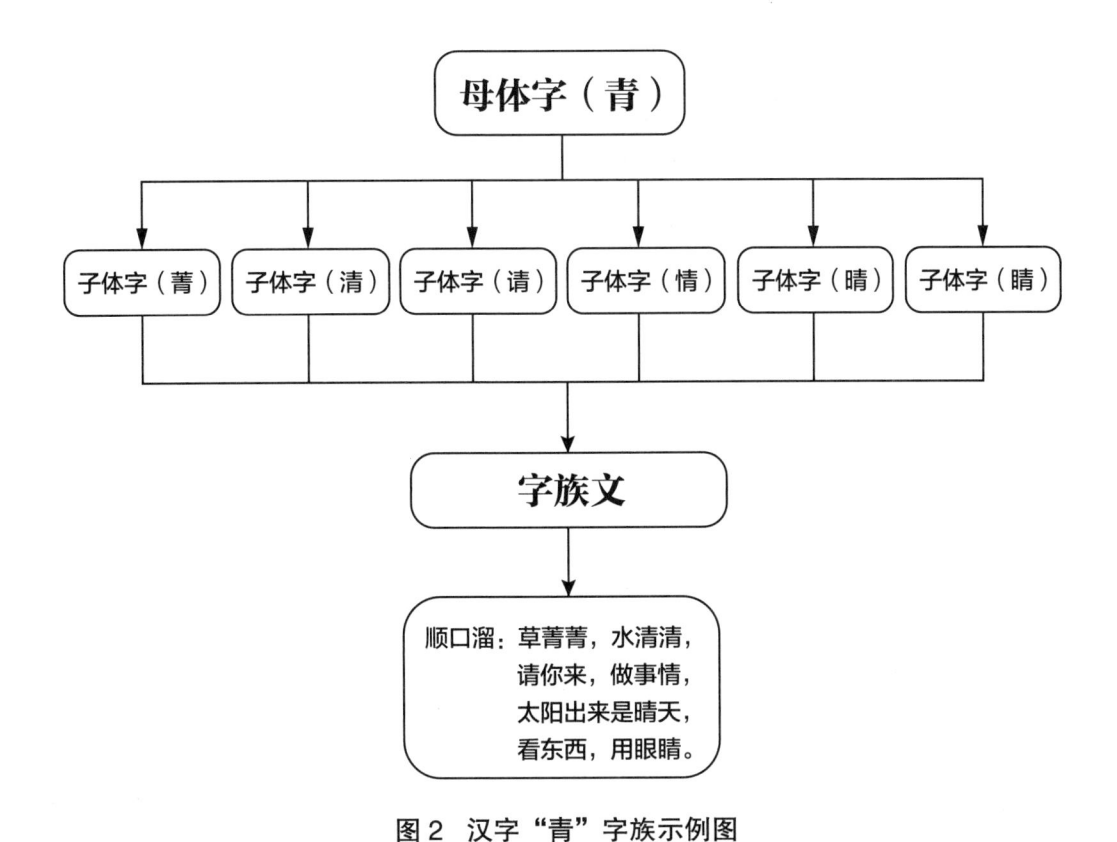

```
                    母体字（青）
       ┌──────┬──────┬──────┼──────┬──────┬──────┐
       ↓      ↓      ↓      ↓      ↓      ↓
   子体字（菁）子体字（清）子体字（请）子体字（情）子体字（晴）子体字（睛）
                            │
                            ↓
                          字族文
                            │
                            ↓
              ┌─────────────────────────┐
              │顺口溜：草菁菁，水清清，   │
              │       请你来，做事情，   │
              │       太阳出来是晴天，   │
              │       看东西，用眼睛。   │
              └─────────────────────────┘
```

图 2　汉字"青"字族示例图

学生对字词的学习存在困难，往往是因为其语素意识较差，因此，在字词学习中加强语素意识，有助于学生举一反三，更好地掌握字词的意义。

下面以课文中的"灰"字为例进行说明，如图 3 所示。

50. 对学习困难学生进行阅读教学有哪些指导策略？

针对学习困难学生在阅读方面的困难，教师既可以采取在普通教育中开展阅读教学的有效方法，也可以采取分级指导的阅读教学方法。同时，教师不仅要在阅读教学中不断培养学生的文学鉴赏力，还要特别关注审辩式思维的培养。可以采取的具体方法有以下几种。第一，情景教学法。在阅读过程中创设直观的教学环境以激发学生阅读的动机和积极性，提升阅读能力。第二，分级指导阅读法。指导学习困难学生阅读不同层级的文本，对其独立阅读进行干预和辅导。第三，审辩式阅读教

huī
灰

基本释义

1. 物体燃烧后剩下的粉末状的东西：烟~｜纸~｜~烬｜炮~｜~飞烟灭。
2. 尘土：桌上一层~。
3. 灰色，介于黑与白之间的颜色：~沉沉｜~蒙蒙。
4. 消沉，失望：~心｜心~意懒｜~心丧气。

组词

黑灰色　烟灰　灰　灰尘　灰心

释义　黑灰色：浅黑色，介于黑、白之间的颜色。比喻色彩不鲜明或情绪消沉悲观。
　　　烟灰：原指烟吸完后剩下的灰。现又可指像香烟灰那样的颜色。
　　　灰尘：尘埃，尘土。比喻微不足道。
　　　灰心：消沉，失望。

其他词语

灰色、灰暗、灰沉沉、灰蒙蒙、纸灰、草灰

例句

1. 小蝌蚪有黑灰色的身体。
2. 爸爸用手指弹掉香烟上的烟灰。
3. 请把窗台上的灰尘擦掉。
4. 虽然这次考试没考好，但我并不灰心。

同音字辨别

灰　huī　挥
灰色　　　挥手

同一部件示意（火）

灰、炮、烧_____。

图3　"灰"的语素加工示例图

学法。这种重要的教学方式以发展学生审辩式思维能力为根本目的，旨在积极促进学生的思维能力和阅读能力的综合发展，如图4所示。

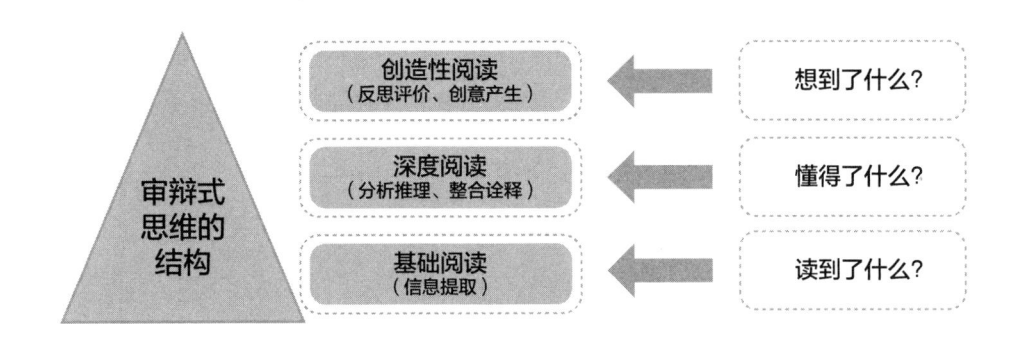

图4 审辩式阅读的五要素框架

51. 对学习困难学生进行数学教学有哪些指导策略？

数学学习困难状况在小学阶段是很容易得到改善的。研究发现，数学基础是影响数学学习的非常重要的因素，而影响数学基础学习的因素又跟基础认知能力和学习品质有关，特别是反思解释能力。针对数学学习困难学生，教师可以用到的指导策略主要有以下五种。第一，利用积极强化激发学习动机。对于在学习上成就感低的学生而言，教师使用有效的积极强化是非常必要的。第二，教师或同伴的有效示范和具体实物可以帮助学生理解数学概念、原理和运算规则。采用有效的教学步骤传授技能可以让学生获得更直观的体验，加深印象。第三，调动学生已有的学习或生活经验。在进行新知识的教学时，这个策略的使用是常规教学中的必要环节，而数学学习困难学生更需要调动贴近生活的真实情景中的经验。第四，反思解释，即让学生出声解释解题过程，教师及时通过学生的解释发现问题，从而进行指导[1]。第五，提供学习支架，即教师为学生提供学具、学习单或者个性化的任务单以进行差异化教学。

---

[1] 黎朝钰, 肖维婧, 赵微. 国外数学学习困难干预研究现状与启示[J]. 现代特殊教育, 2021(15): 72-78.

52. 面对学生的学习困难，教师如何对教学内容做出调整？

很多时候，学生有学习困难，是由于他们无法在规定时间内完成学习任务，不是他们学不会，而是他们比别人需要更多一点的时间和特别的帮助，通过对教学内容的调整，可以帮助学习困难学生提高学习效果。以下是调整教学内容的五大策略。

简化：减少重点目标的数量或部分内容。

减量：降低教材难度，使内容简单化。

分解：把目标细分成若干个小目标，再逐步学习。

替代：目标不变，采用不同的学习策略以达成目标。

重整：对教材内容进行改编，以贴近日常生活。

·如何对语文教学内容做出调整？

对语文教学内容的调整可以采取以下方式。

①减少生字词的单次学习量。

②减少课文分量。

③改编课文内容，通过分层简化学习内容。

④采用不同的作业形式。

⑤布置较少的作业。

⑥分次布置作业。

⑦采用补充教材。

⑧采用学习单进行强化。

·如何对数学教学内容做出调整？

对数学教学内容的调整可以采取以下方式。

①降低难度。

②减少学习量。

③改编教材内容。

④采用补充教材。

⑤布置较少的作业。

⑥分次布置作业。

⑦采用分批次学习任务单进行强化。

53. 集体教学中针对学习困难学生常用的支持策略有哪些?

由于班额过大,在集体教学中,学习困难学生往往得不到及时的指导,导致课堂学习效果差,学业误差越积越多。因此,教师要学会在集体教学中支持学习困难学生。集体教学中常用的教学支持策略有五种。第一,个性化支持。在了解班级中学习困难学生的起点行为与先备能力后,依据教学目标与重点、难点制订个性化学习单与任务单。第二,合作教学支持。主要以学生的合作学习为主,包括互助学习、小组学习与同伴辅导,在此过程中为学习困难学生提供指导。第三,多元评价的正向支持。根据学习困难学生的学习兴趣与习惯提供多样的评价方式,以正向评价为主。第四,优势利用。多发现学习困难学生的优势能力,多为其提供展示机会和平台,以提高学生的自我效能感。需要注意的是,教师要想在集体教学中支持学习困难学生,同时不影响其他学生的学习,就要改变教学方法,保证教学过程中的动静结合,教师要给学生安排自主学习的时间,才能腾出手来为学习困难学生提供个别指导。还要注意,不能牺牲其他学生的学习时间来迁就学习困难学生的学习,这需要教师认真钻研差异化教学方法,在备课时制订集体教学环境下针对学习困难学生的个性化指导方案。

54. 小组教学中针对学习困难学生常用的支持策略有哪些?

对学习困难学生开展课后小组教学时,教师可以将具有相同困难的学生组成学习小组,采用适合他们的学习材料。在小组教学中,教师的教学对象总数应保持在5~6名,以便学生在小组中得到更及时的帮助和指导,同时提高学习专注度。在进行小组教学的过程中常用的支持策略有六种。第一,个性化教学。分层指导,虽然人数减少了,也按照学生的困难水平进行了分组,但学生之间仍然存在差异,因此教师在小组辅导中仍然需要针对不同水平的学生进行分层指导。第二，反思解释。引导学生用语言表达思考的过程或问题解决的方法。第三，具象支持。提供与学生的生活经验相关的物品或材料，建立直观体验。第四，同伴互助。在小组中充分发挥同伴的示范作用。第五，正向言语支持。以鼓励为主，帮助学习困难学生树立自信心，激发学习动机。第六，自主学习。教师将学习内容分解好，先让学生自己学习，然后再根据学生的学习情况进行指导，帮助学生习得元认知监控策略，提升学习技能，优化学习策略。

55. 哪些学习困难学生需要个别化教育支持?

如前所述，学习困难大致分为四种类型：神经功能障碍性学习困难、认知加工过程障碍学习困难、学业性学习困难和社会性发展不良学习困难。前两种类型的儿童由于在生物学因素上存在异常以及发展异常，也被称为学习障碍儿童，专业人士需要根据其认知加工的核心缺陷进行一对一的认知能力干预，同时，因其学业误差累积较多，很难跟上集体与小组学习，教师需要对其进行一对一学习指导，以帮助他们达到自己的最佳水平。但是提供个别化支持不等于这些学生不能接受集体教学，而把他们隔离出来。恰恰相反，进行个别化教育干预的主要目的是让他们尽可能地回归集体教育环境，享受集体教育生活。因此，对这类学生，要按照其能力分别进行集体、小组和一对一的教育安置，保证其潜能得到最大化的发展，成功改善学习状况。此外，在个别化教育过程中，教师还要特别关注这些学生的心理健康。这类学生由于长期的学业失败，容易否定自我，丧失学习信心，因此教师应在个别化教育中帮助他们重新树立学习信心，引发学习兴趣，建立良好的学习期待。不要把他们与其他学生进行比较，要按照他们的步调进行教学。学业性学习困难学生如果在学业上误差累积过多，需要接受分层教学支持；社会性发展不良学习困难学生需要在心理、行为方面接受个别化干预。

56. 教师如何制订个别化教育计划?

第一，要确定参加计划制订的人员，一般而言，当一个学生被鉴定为学习障碍学生，按照特殊教育相关法规的要求，学校就要为这个学生制订个别化教育计划，参加计划制订的主要人员包括该生的学科教师、班主任、资源教师、心理教师、家长、学校行政人员。第二，按照流程拟订个别化教育计划草案，其内容包括通过评估确定学生现有的学业成就水平以及心理与社会发展水平。第三，需要资源教师或心理教师通过跟课观察、教师访谈、家长咨询，结合前期评估结果制订长短期教育目标。第四，根据长短期目标制订教学计划。第五，定期对教学计划实施情况进行标准与非标准方式的评估。第六，个别化教育计划草案要经过反复讨论加以确定，与家长签订知情同意书后生效。个别化教育计划基本内容如表1所示。

表1 个别化教育计划基本内容列表

序号	内容	要点说明
1	学生基本信息	了解学生的家庭经济情况、文化背景及家庭结构等
2	学业成绩	对学生进行连续两学年的成绩跟踪，确定学生的学业水平是否显著落后于同龄人
3	标准化测评	根据需要对学生进行认知能力测验、智力测验，对学生的标准化测评结果进行记录与分析，确定其智力水平是否正常，认知能力方面是否有缺陷
4	学生问题行为筛查	面向家长和教师，全面了解学生在家庭和学校中存在的问题行为；对学生进行行为评估
5	课堂观察记录	了解学生在不同学科中的课堂表现及课堂行为等
6	家长及学生咨询记录	包括首访和跟踪记录，反馈评估结果，了解家庭中存在的问题及学生的心理状态，提出解决建议
7	目标制订	包括学期目标、单元目标及单次干预任务
8	干预实施	包括干预任务及干预情况反馈

57. 教师如何处理集体教学与个别支持的关系？

在教学过程中，教师应坚持集体教学与个别支持相结合的教学原则，对于集体教学与个别支持，可以从以下几方面进行。

第一，学习内容。进行分层教学，根据普通儿童的学习能力设计每节课的重点、难点并实施教学计划，对于学习困难学生，可根据其现有水平布置适合他/她的学习任务，让学习困难学生在课堂上也能获得学业成就感，体验在集体中共同学习的快乐。第二，学习形式。多采用小组合作、讨论等形式进行课堂教学，一方面，加强学生对学习内容的交流、加深理解、促进相互学习，另一方面，将学习困难学生的行为影响限制在最小范围内，从而有效提升课堂教学的效果。第三，学习环境。营造融洽、相互尊重的教学环境，除了基于学习内容设计课堂任务之外，还应在人际交往中多加引导，提升学生的人际交往能力，增强学习困难学生的社交能力。第四，学习评价。及时的评价对学习的影响也是显而易见的，多采用积极正向的评价，不仅能提升全体学生的自我效能感和学业成就感，还能使班集体更加凝心聚力，从而加强班级管理。

58. 教师如何帮助学习困难学生提高课堂注意力？

研究表明，约80%的学习困难学生存在注意力问题。帮助他们提高课堂注意力，可以从以下几方面进行。第一，营造积极的、支持性的和有趣的学习环境，通过多媒体内容、实际案例和有趣的活动或游戏吸引学生的注意力。第二，设定清晰的课堂常规和预期，明确规定课堂纪律和行为，确保学生明白应该如何表现和参与，包括制订课堂规则、制订行为奖励系统和使用视觉提示。第三，使用多种教学方法，满足不同学习风格的学生的需求，通过组织小组活动、实际操作和利用多媒体资源促进学生的参与和关注。第四，赋予学生一定的责任和自主权，使学生更有动力和兴趣参与课堂活动，如让学生选择自己感兴趣的话题进行研究和展示。

最重要的是，教师应该根据学生的情况和需求，设计合适的教学内容，采用灵活的方法和策略。与学生进行沟通并提供反馈，了解他们的学习需求和遇到的挑战，并根据需要进行调整和改进。

59. 面对已经出现了厌学情绪的学习困难学生，教师该怎么做？

教师应建立积极的、支持性的和正面的学习氛围，为学生营造可以激发学习胜任感的、愉快的学习环境。同时，给予学生关爱和支持，鼓励他们克服困难、追求成长，并帮助他们建立自信心和增强学习动力。第一，建立信任关系。建立良好的师生关系是帮助学生摆脱厌学情绪的第一步。对学生表达关心并为其提供支持，增强他们的信任感，让他们感到教师是愿意倾听和提供帮助的人。第二，探索原因。与学生对话，探索他们厌倦学习的原因。学生产生厌学情绪的原因有很多，如学习难度过高、缺乏兴趣、自信心不足、学习目标不明确等。了解问题的根源有助于教师有针对性地提供帮助。第三，提供多样化的学习体验。利用多种教学方法和资源吸引学生的兴趣并提供有趣的学习体验，包括使用多媒体、实地考察、组织小组讨论、开展项目式学习等，以激发学生的好奇心和主动参与的意识。第四，鼓励积极参与和合作。提供机会让学生与其他同学进行合作学习和互动，以增强他们的参与度和归属感。通过团队合作、角色扮演和互助学习等方式，激发学生的学习兴趣和动力。第五，联系家长，积极肯定学生。引导家长为学生创造宽松的、能够得到理解和信任的家庭环境，家校合力帮助学生摆脱厌学情绪。

（二）认知和学业干预训练

60. 如何提高学习困难学生的视、听、动能力？

教师要根据学生的情况设计适当的方案，包括使用视觉刺激、多感官教学、分段教学、学习策略引导等。

（1）使用视觉刺激。使用图表、演示文稿和视频等视觉刺激可以帮助学生更好地理解和记忆信息。教师可以使用视觉辅助工具和多媒体技术，帮助学生更好地理解和掌握学习内容，还可以使用彩色打印机、放大器、白板、黑板等工具为学生提供视觉刺激。

（2）多感官教学。多感官教学可以帮助学生更好地理解和掌握学习内容。教师可以通过提供实物、实地考察等方式为学生提供多种形式的（如视觉、听觉、触觉和嗅觉）刺激，让学生通过多种途径感受学习内容，帮助他们学得更加深入和全面。

（3）分段教学。教师可以将学习内容分成较小的段落或单元，帮助学生逐步理解和掌握。分段教学可以帮助学生更好地理解和处理适量的视听信息。教师可以将完成可加工的小任务作为学生的学习目标，让学生一个一个地解决问题，让他们逐步建立针对学习内容的认知模式，降低学习的难度和复杂度。

（4）学习策略引导。学习困难学生可能需要接受更多的引导来掌握学习策略，如使用标注、颜色编码、图解和概括等方法帮助记忆和理解信息。教师可以不断与学生交流学习方法，指导学生采用更适合自己的学习方法。

61. 如何训练学习困难学生的注意力[①]？

注意力是心理活动对一定对象的指向和集中，所有的学习过程都离不开注意力的支撑。学生具有高质量的注意力，养成良好的学习习惯，才能为日后的学习奠定良好的基础。

训练注意力的目的是让学生减少注意力不集中的情况，提高学习效率。在小学阶段，绝大部分知识的输入都需要注意力的参与。

教师主要通过短时的游戏和活动训练学生的注意品质，要注重视觉注意和听觉注意的训练，并结合注意训练活动，提高学生的学习兴趣。以下是一些例子。

·视觉注意训练

指导语："请同学们按 1—36 的顺序依次指读数字，越快越好。"

1.

14	31	11	25	16	28
6	19	7	20	35	4
22	34	3	29	10	36
9	17	26	2	32	15
23	1	24	13	18	33
8	30	12	27	5	21

记录时间：＿＿秒

2.

27	6	32	14	22	23
11	24	18	29	3	17
33	2	10	8	20	35
16	13	30	1	34	12
26	7	15	25	4	36
5	21	31	9	28	19

记录时间：＿＿秒

---

① 针对学习困难学生的注意力、工作记忆、加工速度、数学认知和计划能力的训练，本书只列举了有代表性的活动，具体可参见华夏出版社于 2024 年出版的"挑战学习困难"丛书中的《小学一年级认知教育活动》《小学二年级认知教育活动》（教师用书、学生手册）。

- **听觉注意训练**

指导语："接下来，我会朗读一篇课文，只读一遍，请你们仔细听。当你们听到'树'时，请用笔在《学生手册》上打钩，最后请数一数你们打了几个钩。"

你打了（　　）个钩

注：朗读的课文是《邓小平爷爷植树》，选自部编版 2017 年第 1 版语文教材二年级下册"课文第 4 课"。

- **注意力活动**

游戏（简单）：教师一边报"眼睛""鼻子""嘴巴""耳朵""手""膝盖"，一边触摸自己的身体的相应部位，让学生模仿着做，比一比谁做得正确、速度快。

游戏（中等）：教师报部位名称，让学生来做反应。开始时一个部位、一个部位地报，随着学生熟练程度的提高，教师可以连续报三个部位，如"眼睛、鼻子、嘴巴"，让学生连续触摸，报的速度也可逐渐加快。

游戏（稍难）：教师报什么部位名称，学生偏偏不指什么部位。

注：可以先请注意力水平弱的几个学生试着练习，其他学生做小裁判。随着对活动逐渐熟悉，可以由同桌两人进行游戏。

62. 如何训练学习困难学生的工作记忆？

工作记忆是一种对信息进行暂时加工和存储的容量有限的记忆系统，在许多复杂的认知活动中起着重要作用。

训练工作记忆的目的是让学生更准确、完整地完成运算、推理、语言理解等许多复杂的学习活动。在小学阶段，知识的提取和储备是十分重要的。

教师可以通过开展游戏和活动训练学生暂时性知识加工与存储能力，提高学生的短时记忆容量。训练分为听音排序、抑制控制、记忆训练、刷新任务、译码运算等。以下是一些例子。

·听音排序训练

指导语："同学们,听好了!下面你们将听到几个词语,请你们将听到的内容分类并按听到的顺序说出来。请注意,你们听到的词可能分成两类或三类。"

1. 苹果　5　2　毛毛虫　兔子
2. 铅笔　电风扇　尺子　书包　空调　冰箱
3. 鲜花　耳朵　树苗　小草　鼻子　嘴巴

·抑制控制训练

指导语："请一行一行地说出下列图片中的动物在实际生活中是大的还是小的。"

·记忆训练

指导语："请仔细观察并记住左边方框里出现的数字,待右边方框出现时说出左边方框中消失的数字。"

1.

39		
67	9	22
	43	83

22	
	39
83	67

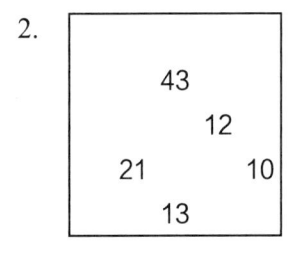

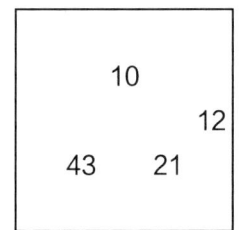

2.

43	
	12
21	10
13	

10	
	12
43	21

63. 如何提高学习困难学生的加工速度?

加工速度是指个体执行某一认知活动的快慢。随着学习难度的增加，学生面临的认知活动也逐渐复杂，具有良好的加工速度是学生学习成功的关键。

训练加工速度的目的是让学生获得快速加工复杂学习任务的能力。在小学阶段，知识的输入及输出都是十分重要的。

教师主要通过开展短时的游戏和活动训练学生的反应速度，培养学生的团队合作意识。加工速度训练由一些快速反应游戏和活动以及划消任务构成。教师可以从图片、数字、字母、汉字这四个维度逐渐提升划消任务的训练难度。以下是一些例子。

- **反应大挑战**

指导语："接下来，我会说出三种水果的名字，每种水果代表不同的面部器官。其中，苹果代表眼睛，葡萄代表耳朵，香蕉代表嘴巴。我每说出一种水果，你们就要用手指指向对应的面部器官。准备好了吗？让我们开始吧！"

苹果　葡萄　香蕉　苹果　葡萄　香蕉　葡萄　苹果　葡萄　香蕉　香蕉
苹果　葡萄　苹果　香蕉　葡萄　葡萄　香蕉　苹果　苹果　葡萄　苹果

指导语："圈出下列和为11的两个相邻的数字，数一数圈出了（　）对。"

```
6 0 1 2 3 6 5 2 1 8 2 4 1 5 6 3 2 5 6 4 7 8 9 5 2 1
9 8 5 5 6 9 8 7 5 1 9 7 6 3 2 5 4 1 5 9 2 3 9 5 8 4
5 1 2 5 3 8 7 9 8 5 6 5 4 5 5 6 9 8 7 8 2 1 5 1 5
6 3 4 5 7 0 5 0 4 9 4 8 7 5 0 2 3 1 5 9 2 3 7 4 2 5 3
2 1 3 2 1 0 1 4 2 3 8 3 4 1 2 5 6 3 5 4 1 5 6 3 5
5 8 3 7 1 3 7 2 0 9 1 4 5 6 9 1 5 8 5 4 5 3 1 2 0
6 3 7 4 9 2 8 5 1 0 3 1 0 0 6 5 4 3 2 3 7 8 7 3
0 0 1 2 5 4 8 7 9 6 5 4 6 5 4 8 2 1 4 7 8 2 5 6 9 8 7
4 7 2 1 5 4 8 2 1 5 6 7 4 5 9 4 7 8 2 5 2 6 8 9 8 7
6 5 4 6 5 8 9 1 4 7 8 2 5 6 9 8 7 4 1 2 3 6 9 1 5 8
7 9 7 6 5 4 2 3 5 4 7 5 3 5 4 5 1 4 5 6 0 6 4 7 8
9 0 1 2 5 4 7 8 9 6 5 4 3 7 4 5 4 1 0 8 5 2 0 9 8
3 7 8 5 2 7 8 9 6 5 4 3 2 1 3 2 1 0 1 4 7 8 5 8 7 4
1 2 5 6 3 4 2 5 6 3 8 7 9 6 5 2 1 4 7 8 8 5 1 2
5 5 1 6 3 2 5 4 7 8 9 6 5 2 1 8 2 4 1 5 6 8 9 1 9 8 5
2 3 6 0 1 2 3 6 5 2 1 8 2 4 1 5 6 3 2 5 6 4 7 8 8 5
```

64. 如何提高学习困难学生的数学认知能力？

主动的认知是一种态度，更是一种学习方法。当学生以自觉、自愿的态度加入对数学知识的探究之中时，他们的个人生命体验才会在无形之中融入数学认知活动中，对数学知识的理解也才能真正达到较高的思想维度。小学阶段是培养学生的数学认知能力的关键期。

教师可以通过开展几个模块的数学训练任务，逐渐提升训练难度，训练学生对数学问题的表征和加工能力，以及认知思维方式的灵活性等。以下是一些例子。

- **等量代换**

指导语："不同的图形组成了各种不同的图文算式，它们各代表一个数字，你们能猜出它们各代表几吗？"

1. 🍐 + 🍐 + 🍐 = 10 − 1

   🍐 = （   ）

2. 🐚 = 🐚 + 🐚 + 🐚 + 🐚

   🐚 = 5

   🐚 = （   ）

- **数字推理**

指导语："请仔细观察，开动小脑筋，找一找下列数字的规律。根据找到的规律，把数字填写在括号内。你们要仔细观察，不要漏题。"

1. 1 4 7 10 13 （   ）（   ）（   ）（   ）
2. 11 20 29 （   ） 47 （   ）
3. 5 10 （   ） 20 （   ） 30 （   ）

- **数字任务**

指导语："请看一串数字，接龙说出数字大小，看到比 20 大的数字说'大'，看到比 20 小的数字说'小'，要尽可能快地说。"

1. 4 14 35 22 13 31 12 6 77 19
2. 6 8 53 36 15 33 71 28 16 48
3. 14 22 76 18 65 21 13 67 25 53

65. 如何提高学习困难学生的计划能力？

计划能力是指个体面对具体项目或事情的计划统筹能力。计划能力的训练要求个体在新的解决问题的情境中，灵活使用策略、注意力和记忆。

训练计划能力的目的是让学生在学习过程中面对出现的问题能够迅速采用相应的策略，有目的、有计划地解决问题。在小学阶段应开始训练学生思考问题时采用高效的策略，而非依靠通过死记硬背获得的知识。以下是一些例子。

· 故事排序

指导语："请根据故事发展的先后顺序给下列事件排序，选出最佳选项。"

①打碎花瓶　②父母回家　③打扫卫生　④受到表扬　⑤主动承认错误

  A. ③－②－⑤－①－④ B. ①－⑤－②－③－④
  C. ①－②－③－⑤－④ D. ③－①－②－⑤－④

· 三段论推理

指导语："这里有一些句子，请同学们认真思考。如果你们认为这句话是正确的，请在后面的括号里打√；如果你们认为这句话是错误的，请在后面的括号里打×，并说出错误的原因。"

1. 如果小水比小美大，小花比小水大，那么小美比小花大。（　　）
2. 如果苹果比柠檬甜，桃子比柠檬甜，那么苹果比桃子酸。（　　）
3. 如果床单比窗帘长，窗帘比地毯短，那么床单比地毯长。（　　）

· 一笔画

指导语:"判断下面的两个图形中哪个能一笔画成(点可以重合,但是线不可以重合),并将它的画法展示出来。"

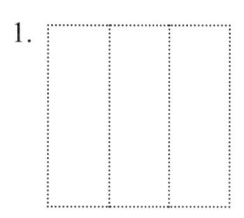

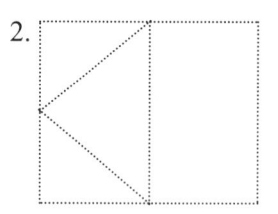

1.　　　　　　　　　　2.

· 数字匹配

指导语:"同学们请注意,下面有横向排列的数字,你们要从左到右依次查找,找到两个一样的数字,将它们圈出来。准备好了吗?"

| 25831 | 28531 | 25698 | 26531 | 25813 | 25698 | 25693 |

66. 如何增强学习困难学生的语素意识以提高其识字能力?

识字能力是指读出书面字词并有效提取语义的能力,需要对字词的音-形-义进行联结和转换。目前,大量研究表明,语素意识作为一种元语言意识,与字词识别密切相关。因此,将增强语素意识渗透到日常教学过程中尤为重要[1]。

第一,教师需要帮助学生理解汉字基本的语素结构。在教授新词汇时,教师可以将汉字分解为常见的语素,并要求学生构造新词汇;注重比较和分析不同结构的复合语素,同时引导学生辨别出词汇中的同音语素和同形语素,例如,当教授词汇"学习"的时候,可以通过对比和分析"学生""学会""学者"等词汇,进一步发展学生的语素意识。第二,教师可以引导学生合理运用语素策略记忆字词的含义,理解每个词汇中语素单位的意义和特定用法,逐步提高学生对语素的认知和理解。第三,教师可以基于学生已有的语素意识,设计有创意的教学活动以帮助学生更好

---

[1] 徐玥. 语素干预对阅读困难儿童字词识别与阅读理解的效果研究[D]. 陕西师范大学, 2019.

地理解和应用语素。例如，带领学生参加识字干预小组，分析词汇和阅读文章，根据上下文猜测生词的含义，学会对陌生词汇进行语素分析。

总的来说，通过增强语素意识来提高学习困难学生的识字能力，要基于科学的理论和实践方法，引导学生逐步掌握语素的结构和含义，从而更加顺利地识字和阅读。

67. 教师如何提高学习困难学生的阅读理解能力？

学生的学习离不开阅读，阅读能力不仅是语文学科学习的基础，也是其他学科乃至学生全面发展的基础能力之一。阅读理解能力的提高对学习困难学生的学习有很大的促进作用。

（1）参与分级指导性阅读。分级指导性阅读法是一种通过对阅读材料进行分级以适应每一位学生的水平，并通过训练逐步提高学生的阅读能力的教学方法和教学模式[1]。教师通过为学生提供多元化、分级递进的阅读材料，培养学生的胜任力，激发其学习兴趣，丰富他们的阅读经验。

（2）基于语境的词汇学习。教师将词汇教学与阅读理解结合起来，引导学生根据上下文理解生词的含义，同时通过开展词汇填空、词汇匹配等活动巩固词汇的理解与掌握。

（3）开展阅读策略训练。教师向学生介绍不同种类的阅读策略，如预测、推断、概括等，帮助学生更有效地理解文章内容。在教学过程中，教师可以为学生提供实践机会，引导他们运用这些策略解决阅读中的问题。

（4）提供足够的阅读时间。阅读能力的提高需要长期的积累，教师需要为学生提供足够的阅读时间，引导他们逐步建立自己的阅读习惯和风格。教师可以在课堂合理分配阅读时间，鼓励学生进行课外阅读等。

---

[1] 李晓娟,李俊杰,崔腾月,等.分级指导性阅读法提高阅读障碍儿童阅读能力的干预研究[J].现代特殊教育,2023(16): 25-30.

68. 教师如何提高学习困难学生的写作能力？

存在书写表达障碍是学习困难学生的一种常见表现，学生在写作时会出现组织性差、偏题、前后文段关联性差等现象。因此，针对写作能力开展干预训练，是教学过程中不容忽视的一个方面。

（1）基于写作全过程的自我调节策略。使用自我调节策略的目的在于帮助学生掌握包括创作在内的高阶认知技能，促进有效写作策略的自动化使用，培养学生对写作的积极态度[1]。自我调节策略包括六个基本步骤：了解背景知识、师生讨论、示范、策略性记忆、支持和独立写作[2]。在实际中，可根据学生的能力和班级整体写作情况灵活使用。

（2）基于写作各阶段的干预策略。在计划阶段，学生可以使用图形组织者策略，以流程图、韦恩图和时间轴的形式呈现，为写作勾画出清晰直观的文章框架。在起草阶段，为了提高写作的流畅度，学生可以用键盘输入代替手写，或者应用文字处理器和拼写检查软件，避免因拼写和手写错误而耗费大量的精力。在修改阶段，教师通过运用程序促进策略和目标设定策略提高学生的写作修改能力。程序促进策略是通过提供各种外在工具（如图表、提示卡）帮助学生减少短时间内需要处理的信息，减轻认知上的负担，使其更多地关注文章内容的写作策略。目标设定策略是将写作过程中某一阶段的总任务目标分解成几个子目标，从而降低任务难度来推动写作的写作策略。

69. 教师如何提高学习困难学生的数学能力？

数学学习困难是目前学生面临的一大难题，计算技能和应用题解题技能是数学学习中的两种重要技能。

---

[1] GRAHAM S, Harris K, et al. Self-regulated strategy development: Helping students with learning problems develop as writers[J]. Elementary school journal, 1993(3): 295-322.

[2] HARRIS K, GRAHAM S, MASON L H. Self-Regulated Strategy Development in the classroom: Part of a balanced approach to writing instruction for students with disabilities[J]. Focus on exceptional children, 2003(7): 1-16.

计算技能是数学学习中的一项重要内容。教师可以建立涉及数学课程的概念知识和程序知识的知识结构，以提高学生的计算技能。专门的简算策略训练对学生的计算技能的提高有积极作用，能够显著提高学生的计算成绩和计算速度。

针对应用题解题技能，教师可以从以下两方面着手，为学生提供帮助。一是开设专门的思维训练课程以提高学生的思维能力，进而将这种能力迁移到解题中，提高应用题解题技能。二是结合数学学科教学内容，开展解题策略训练，如从易到难的阶段策略、数形结合策略等。

除此之外，为了提高学习困难学生的数学学习能力，教师还应该采取有针对性的干预训练方式。通过理解基础知识、采用创新性方法、提供个性化的学习支持，促进学习困难学生对数学知识的理解，提高数学学习成绩。

70. 教师如何提高学习困难学生的元认知能力？

元认知是关于认知的认知，是个体对自己的认知加工过程的自我觉察、自我评价、自我调节，也被称为反省认知或反审认知[1]。学习困难学生在元认知方面缺乏有效的计划、控制与调节，元认知能力的提高是学生克服学习困难的关键[2]。

第一，教授学习策略。教师可以教授学生各种有效的学习策略，如阅读理解技巧、记忆技巧、提问技巧等。学生通过学习和掌握这些策略，能够更好地理解和应用知识，提高学习效果。第二，培养学生的反思习惯。教师可以尝试引导学生养成自我反思的习惯，让他们思考学习的过程、方法和效果。例如，让学生在完成任务后回顾和评估自己的学习效果，思考哪些策略有效，哪些需要调整，然后做出相应的改进。第三，制订学习目标和提供评估反馈。教师应当为学生制订明确的学习目标，并告知学生如何达到这些目标。同时，定期为学生提供评估反馈，引导他们对学习过程和学习成果进行评价，然后做出调整。第四，培养学生的自主学习能力。教师可以逐步将学习的控制权交给学生，鼓励他们主动参与学习过程和决策。学生通过自主学习，培养自我管理、自我调节、解决问题的能力，进一步提高元认知能力。

---

[1] 张庆林. 当代认知心理学在教学中的应用[M]. 重庆: 西南师范大学出版社, 1995.
[2] 黄娟, 杜高明. 学习障碍儿童元认知特点的研究[J]. 中国医药指南, 2013, 11(3): 488-489.

71. 教师如何提高学习困难学生的学习动机？

学习动机是学生参与学习的内部驱动力和精神力量，提高学习动机是让学习困难学生摆脱困境的重要途径。

要提高学习困难学生的学习动机，需要从建立目标导向、提高学习信心、提供正反馈和创设学习情境等多方面着手。通过采取多种策略来调动学生的积极性并激发其动力，帮助学生积累成功的学习经验，提高学习效果。

第一，建立目标导向。引导学生了解学习的目标和意义，对于提高其学习动机有重要意义。教师可以帮助学生制订可量化、可实现的目标，并提供适当的奖励和反馈以提高学生的积极性。第二，提高学习信心。学习困难学生普遍存在学习上的自我怀疑和低自我效能感，教师应该帮助他们保持积极的学习态度，可以通过鼓励、赞扬、肯定等方式提高他们的学习信心，也可以通过调整学习任务的难度，让学生能够胜任学习任务，从而产生学习信心。第三，提供正反馈。教师应该充分肯定学生的努力和进步，并为学生提供及时和明确的正反馈，激励他们继续投入学习中。同时，教师应该鼓励学生自我反馈，增强学生对学习过程的自我评价和监控意识。第四，创设学习情境，激发学生的学习兴趣和热情。教师应该为学生提供多种多样的学习资源和创造良好的学习环境，激发学生的兴趣和好奇心。例如，采用项目式学习、小组合作等方式，让学生在学习中得到实践和探索的机会。

（三）情绪与行为支持

72. 儿童、青少年常见的情绪与行为问题有哪些？

儿童、青少年的情绪与行为问题是指在严重程度和持续时间上都超出了相应年龄所允许的正常范围的异常情绪与行为[1]。一般认为它包括情绪和行为这两个方面。

---

[1] 彭迎春, 倪进发, 陶芳标. 儿童行为问题的研究进展[J]. 安徽预防医学杂志, 2003(3): 192-196.

情绪问题包括焦虑、恐惧、抑郁和人际关系紧张等，行为问题包括攻击、不服从管教、偷窃、逃学、说谎、离家出走、纵火等。儿童、青少年阶段常见的情绪与行为问题按主要表现一般可归纳为以下五个方面。

（1）学业问题。表现的行为与学习有关，如学习困难，注意力异乎寻常的不集中，过度活动，自控力差，往往影响课堂秩序。一般来说，这些问题多发生在小学阶段，尤其是新生入学阶段，大多数属于从学前期到学龄期过渡中的暂时性适应不良。

（2）情绪问题。表现为情绪不稳定，自控力差，反应不适度，如焦虑、孤僻、抑郁、过分任性、过分冲动和人际关系不适应等。

（3）品行行为问题。如偷窃、经常打架、骂人、经常说谎、拒绝上学、逃学、离家出走、攻击他人、破坏物品等，这些行为更多地出现在男孩身上，在一部分女孩身上也会出现。

（4）顽固性不良习惯。如吸吮手指、咬指甲及其他一些不良习惯，这些不良习惯在短时间内不容易改正过来。

（5）青春期问题。如吸烟、酗酒、怀孕、遭受家庭暴力、打架斗殴、偷盗、离家出走、自杀等，常发生在处于青春期的孩子身上。

73. 如何解决学习困难学生的情绪与行为问题？

解决学习困难学生的情绪与行为问题需要教师的耐心、理解和支持。通过使用个性化的教学策略、创造良好的学习环境和与家长的密切合作，教师可以为这些学生提供更有力的教育支持。

（1）了解学生的需求和困难。教师需要了解学生学习困难的成因：是注意力问题、动机问题，是理解或表达问题，还是家庭矛盾、同伴交往问题等？了解学生的需求和困难是提供有效支持的关键。

（2）提供个性化的支持。学习困难学生的学习方式和速度不同于普通儿童，而且学习困难学生之间也存在个体差异。为了改善情绪与行为问题，提高学习效率，教师要提供个性化的教学方案，包括使用不同的教学策略、工具或资源等，给予足够的学习时间，等等，以满足他们的特殊需求。

（3）建立正向激励系统。为了让学生建立自信，教师可以建立一个奖励系统，以肯定他们的努力和进步，这种正向的反馈可以增强他们的学习动机。

（4）创造无压力的学习环境。学习困难学生可能会因为压力而出现更多的情绪与行为问题。教师需要创造无压力的、崇尚鼓励的和包容性的学习环境，让他们感到舒适和安全。

（5）与家长密切合作。家长是孩子非常重要的教育者。教师需要与家长密切合作，了解学生在家的行为和学习情况，以便更好地指导学生。

（6）定期评估和调整策略。定期评估学生的学习进步和行为变化是非常重要的。如果现有的支持策略没有效果，教师需要及时调整策略。

（7）专业咨询。如果学习困难或情绪与行为问题严重到影响日常生活，学生可能需要寻求专业心理咨询师的帮助。教师应当鼓励这些学生寻求专业帮助，并在必要时为他们提供支持。

（8）耐心和理解。对待学习困难学生，耐心和理解是极其重要的。这些学生可能需要更长的时间理解和执行任务，教师需要给予他们足够的时间和鼓励。

（9）培养自我效能感。让学习困难学生参与力所能及的活动并取得成功，可以培养并提升他们的自我效能感，从而改善情绪与行为问题。

（10）使用适应性技术。对于一些特殊的学习困难学生，教师可以使用适应性技术，如文字处理器、屏幕阅读器等，帮助他们克服学习困难。

74. 学习困难学生常见的不良情绪有哪些？

学习困难学生在学业、自我概念和社会生活适应等方面较普通学生表现出显著落后，尤其在学业方面，学业成就低使其较普通学生体验到更强烈的挫败感和无助感，通常表现为对学习任务感到紧张和担忧，或者不满和愤怒，对自己的学习能力缺乏信心并感到沮丧和失望，感到被同学排斥或孤立等，从而更多出现低自尊、社会交往障碍和心境恶劣等适应不良的倾向[1]。约 25% 的学习困难学生存在抑郁、焦虑、易怒、沮丧、过分敏感、孤独、畏难和自卑等情绪问题。

75. 如何解决学习困难学生的情绪问题？

解决学习困难学生的情绪问题，教师可以采取以下策略。

（1）创造支持性的学习环境。教师应为学习困难学生创造积极的、支持性的和安全的学习环境，缓解他们的焦虑和压力。（2）引导学生建立积极的自我形象。教师应鼓励学习困难学生培养自己的兴趣、爱好，让他们在学习之外找到自己的乐趣和获得成就感，提高自信心和改善情绪状态，认识到自己的优点和潜力。（3）教授情绪管理技巧。教师应帮助学习困难学生学会表达和管理自己的情绪，如通过绘画、写作或谈话等方式，更好地应对负面情绪。（4）提供适当的挑战。教师应为学习困难学生提供适当的挑战，让他们获得成就感和满足感。（5）鼓励积极的社交互动。部分学习困难学生在社交方面存在困难，教师可以鼓励他们积极参与活动，培养他们的社交技能和互动能力，提高情绪稳定性。

76. 如何提升学习困难学生的自我效能感？

对于学习困难学生，提升自我效能感可以帮助他们克服困难，提高学习积极性和自信心。提升学习困难学生的自我效能感需要家长和教师给予积极支持以及关注和认可，同时也需要他们自身的努力和积极配合。

（1）设定合适的目标。教师应为学生设定适当的学习目标，这些目标应是具体的、可衡量的、可达到的，并且有明确的时间框架。这样可以让学生看到自己的进步，提升自我效能感。

（2）积极的反馈和鼓励。教师应给予学生积极的反馈和鼓励，以提高他们的自信心和自尊心。要注意的是，这种反馈应该是对努力的赞扬，而不是对能力的赞扬。这样可以让学生意识到，他们的努力是有价值的，他们是凭借努力而非能力获得认可的。

---

[1] 石学云. 学习障碍儿童的心理与行为[M]. 西安：陕西师范大学出版社，2012.

（3）提供合适的学习资源和支持。教师应为学生提供符合其学习风格和兴趣的学习资源和支持，这样可以让学生轻松地理解和掌握知识。首先保证他们能够学会，以提升他们的自我效能感。

（4）树立正确的学习观念。教师应纠正学生错误的学习观念，让学生明白学习不是一件容易的事情，需要付出努力和时间。同时，要让学生知道，失败并不意味着自己不够好或者没有能力，而是学习的机会。

（5）提高社会支持力度。让学生感受到来自家庭、学校和社区的支持和关心，鼓励教师、家长与学生之间的积极互动和交流，营造支持性的和崇尚鼓励的环境。为学生提供情感支持，关注学生的情绪变化，给予他们鼓励。此外，教师、家长应与学生共同制订学习计划，帮助他们培养良好的学习习惯和时间管理能力。这可以让他们更有安全感，从而提升自我效能感。

77. 什么是正向行为支持？

正向行为支持（Positive Behavior Support, PBS），又称积极行为支持，是一种"非厌恶"的教育型行为处理方式[1]，旨在利用一系列"能有效地改变不良行为、维护人的尊严、成功提高个体能力、增加个体成功的机会、提升个体生活质量"的方法帮助有障碍和严重问题行为的个体[2]。正向行为支持的特点有三个。第一，尊重学生的行为和诉求，它不仅注重当下学生的问题行为的最小化，更注重学生的整体发展和积极行为的培养。第二，通过功能性行为评估，了解学生的问题行为与环境的相互关系。第三，强调生态环境的创设，注重预防的同时，通过调整和改变环境中诱发学生的问题行为的因素改善学生的行为。

---

[1] 蒋盈, 林珮宇, 梁真今. 家庭正向行为支持方案对儿童攻击性行为的干预研究[J]. 宁波大学学报(教育科学版), 2020, 42(4): 124-132.

[2] 戴健雨. 中国正向行为支持的研究现状及改进建议[J]. 郑州师范教育, 2019, 8(3): 41-46.

78. 如何对学习困难学生开展正向行为支持？

正向行为支持是一种以积极的、基于证据的策略改善学生的行为和生活质量的方法。正向行为支持通过识别和强化个体的积极行为，以及消除可能导致问题行为的潜在因素，帮助个体实现其目标[1]，通常包括以下六个步骤。第一，在课堂上观察学生的行为，记录他们的积极行为和问题行为。第二，与家长和其他教师交流，了解学生在其他环境中的行为表现。第三，分析通过观察和交流得到的数据，确定需要改进的行为和潜在的因素。第四，制订计划，为学生设定具体、可衡量、可实现和有实现期限的目标并选择合适的正向行为支持策略，如积极强化、行为契约、自我管理等。第五，实施计划，提供积极的反馈和支持，及时表扬学生的积极行为，给予他们正反馈，增强他们的自信和动力。第六，定期评估学生的行为，确定计划的实施是否达到预期效果并对计划进行调整，以确保其持续奏效。在执行正向行为支持方案时，要教导学生用替代行为来表达自己的需求；调整或改变现有的环境，以降低问题行为再次发生的可能性；要注意每个阶段要改善的行为不能太多，以免给学生造成混乱，影响其坚持改进。

79. 如何帮助学习困难学生养成良好的课堂行为习惯？

帮助学习困难学生养成良好的课堂行为习惯需要教师的耐心与关爱及专业的方法。通过创设积极的课堂环境、设定明确的规则与期望、激发学习兴趣、给予积极的鼓励与强化、建立家校合作关系及寻求专业支持，教师可以为这些学生提供更好的学习机会和支持。

（1）创设积极的课堂环境。创造积极的、包容性的、充满爱的和有序的学习环境，使学生感到安全、舒适和被接纳，这有助于减轻他们的焦虑和压力，使他们更容易集中精力参与课堂活动。

（2）设定明确的规则与目标。向学生明确说明课堂规则和行为标准，让他们

---

[1] 宗廷娜. 正向行为支持介入智力障碍儿童课堂问题行为的个案研究[J]. 绥化学院学报, 2023, 43(4): 80-82.

知道在课堂上应有的行为和态度。同时，与他们一起制订可实现的目标，让他们觉察到自己的进步和成就。

（3）激发学习兴趣。教师要注意充分发掘所教的学科中容易使学生产生兴趣的知识，以引起学生对此门学科的兴趣，了解学生已有的知识经验，在教学内容的选择上深浅得当，创设积极有趣的问题情境让学生亲身体验、主动尝试。使用多样化的教学方式和开展活动，激发学生对学习的兴趣和热情，让他们参与其中，发挥主观能动性，从而增强他们的自信心和学习动力[1]。

（4）及时关注学生。适时鼓励、积极强化，以增强他们的自尊心和自信心。在适当的时候，提醒他们关注自己的进步和优点，帮助他们认识到自己的长处并加以利用。

（5）建立融洽的家校合作关系。与学生的家长密切合作，了解他们在家庭中的学习和行为表现，提供适当的支持和指导，使家庭成为学生养成良好学习习惯的重要支持力量。

（6）寻求专业评估和干预。如果学生的学习困难程度较为严重，可能需要寻求专业人士的评估和干预。心理咨询师、教育专家或学习支持中心的教师可以帮助他们识别问题，并提供解决方案和支持，以改善他们的学习状况。

80. 针对学习困难学生的课堂管理策略有哪些？

（1）正向关注：学习困难学生在课堂上面临很多困境，往往容易因干扰了课堂教学遭到教师的批评和指责，缺乏正向关注。正向关注，也称为积极关注或无条件的积极关注，最早是由美国人本主义心理学家卡尔·罗杰斯（C. R. Rogers）提出的。它指的是一种以积极的态度看待他人的方式，尤其是对来访者的言语和行为的积极面、光明面给予有选择的关注。这种关注方式旨在利用个体自身的积极因素，促使其发生积极变化。正向关注要求教师以积极的态度对待学习困难学生，接受他们此时此刻真实的自我，对他们的好行为进行描述并给予反馈和赞扬。正向关注要求干

---

[1] 黄雯. 高中学习困难学生课堂不良学习习惯分析及策略研究[D]. 扬州大学，2023.

预者遵循"四不"原则，即不提问、不评价、不批评和不命令，真诚地对学生具体的好行为进行描述并给予反馈赞扬。教师应与学生融洽相处，鼓励学生建立积极的人际关系，促进其积极发展。同时，教师应给予学习困难学生更多的鼓励和激励，以增强他们的学习动力和自我效能感。教师应通过赞扬、奖励和其他正反馈激发他们的学习兴趣和热情[1]。

（2）创造包容性的学习环境。教师应创造包容性的、充满理解和信任的学习环境，允许学习困难学生按照合适的步调学习，不将他们与其他学生放在一起比较，容忍他们在学习上出现问题，鼓励他们在课堂上大胆表达和探索。创造学习环境还包括调整教室布局、提供辅助支持或适应性条件，以及确保学习困难学生平等地参与课堂学习。

（3）促进合作学习与小组活动的开展。通过小组活动或合作学习的方式，学习困难学生可以从无法受益的被动的听课活动中解放出来，主动参与活动，获得同伴支持，在更自然的环境中学习和取得进步。与其他学生一起学习时，他们可以获得更多的支持和指导，还能发展社交技能，增强团队合作意识[2]。因此，教师的课堂教学策略也要体现动静结合的理念，以学生为中心，为学习困难学生创造多样性的课堂学习环境。

（4）提供额外的学习支持。针对学习困难学生的特殊需求，教师可以提供额外的辅导或辅导资源，以帮助他们更好地理解课程内容。额外的学习支持还包括额外的学习资源、有针对性的辅导或个别化教育计划等。

81. 如何引导普通学生与学习困难学生建立良好的同伴关系？

学习困难学生将来能否更好地融入群体并适应学校生活与他们的社会化息息相关。在学校生活中，同伴关系是儿童社会化的重要动因[3]。在与同伴交往的过程中，儿童自身的认知、情感和行为特征得以展现；儿童也会带着这些特征进入同伴群体，

---

[1] 陈雯洁. 小学课堂管理优化的校本策略研究[D]. 西安外国语大学, 2021.
[2] 惠艳艳. 初中学习困难学生课堂管理策略研究[D]. 西南大学, 2011.
[3] 汪萌, 何灿. 学习困难儿童社会交往问题与对策[J]. 中小学心理健康教育, 2019(29): 47-49.

进而影响其与同伴的交往。教师要引导普通学生与学习困难学生建立良好的同伴关系，需要从多个方面入手。基于社会参与主题的理论模型[1]，结合小学阶段社会参与的四个主题——友谊、接触、特殊需要儿童的感知、被班级同学接纳，我们给出以下建议。

（1）接纳与理解。让普通学生认识到每个人都有自己的独特之处，包括那些面临学习困难的朋友。通过阅读绘本、角色扮演、社会互动指导和单独的社会互动技能指导等形式让学生学会接纳和尊重个体之间的差异。

（2）互动与沟通。鼓励学生们一起玩耍和学习，通过互动增进彼此之间的了解。在这一过程中，他们将掌握团队合作和解决问题的能力，提高班级凝聚力和自我责任感。

（3）分享与互助。引导普通学生主动分享自己的喜好、经验和知识，并鼓励他们主动为学习困难学生提供帮助。这样有助于学习困难学生感受到周围人的善意，从而促进友谊的发展。

（4）积极反馈与鼓励。当普通学生展现出对学习困难学生的善意和接纳时，及时给予普通学生积极的反馈和鼓励，进一步强化他们的积极行为，共同塑造良好的交友氛围。

（5）树立榜样。家长的行为和态度对孩子有着深远的影响。通过引导普通学生的家长在日常生活中展现对孩子的尊重和善意，树立榜样，促进孩子树立积极的观念和态度。

（6）提供教育资源与支持。为普通学生和学习困难学生寻找并提供适当的教育资源和支持，如自我管理、社会互动干预指导、课堂参与、支持同伴的合理安排。这将增强双方互动时的自信心并提高互动技能。

（7）寻找共同兴趣。努力找出学生们共同感兴趣的活动或话题，发现教育契机，设计情景活动，增进他们之间的关系。

（8）倾听与理解。当普通学生讲述与学习困难学生相处时遇到的问题时，先耐心倾听并深入理解他们的感受，然后给予支持和建议，帮助他们找到解决问题的方法，让他们感受到爱与支持。

---

[1] 欧阳谊珊. 随班就读听障学生同伴关系的研究[D]. 沈阳师范大学, 2022.

（四）环境支持

82. 学校教育会对学习困难学生产生怎样的影响？

学校通过识别与支持、个性化教学、教师支持、融合教育等方式，为学习困难学生创造良好的学习环境，帮助他们克服困难，提高学习成绩和实现自我发展。

（1）识别与支持。通过学校教育，可以及早发现和识别学习困难学生，并为其提供相应的支持和资源。学校可以进行评估和筛查，识别学生的学习困难，进而提供特殊教育服务或个别辅导，以满足他们的学习需求。

（2）个性化教学。学校教育提供了个性化的教学环境，以适应学习困难学生的个体差异。学校可以根据学生的学习风格和需求，调整教学策略、教学材料和评估方法，提供适当的学习支持和辅助工具，以帮助他们更好地理解和掌握学习内容。

（3）教师支持。学校教育提供了专业的教师支持，教师在课堂中扮演着重要的角色。教师通过个别指导、辅导等方式，帮助学习困难学生克服困难，提高学习成绩和能力。教师还可以帮助学习困难学生树立自信心，激发他们的学习动力，鼓励他们积极参与学校活动和社交活动。

（4）融合教育。学校致力于融合教育的开展，将学习困难学生纳入普通教育环境中。通过融合教育，学习困难学生能够与普通学生进行互动和合作，从而促进社会性和情感发展，而普通学生也能够更好地理解和包容学习困难学生，从而提高同理心和增强团队合作意识。

83. 如何为学习困难学生创造支持性的环境？

学习困难学生面临各种挑战，包括阅读、写作、数学和注意力等方面的问题。为学习困难儿童创造支持性的环境可以帮助他们战胜这些挑战，提高学习能力和自我效能感[1]。

（1）制订个性化的教学计划。学校应根据每个学生的特殊需求和学习风格，制订个性化的教学计划。这样可以帮助他们更好地理解和掌握学习内容。

（2）采用多种教学方法。学校应采用多种教学方法，如利用视觉、听觉、触觉等，帮助学生更好地理解和记忆学习内容。

（3）给予支持和鼓励。学校应给予学习困难学生支持和鼓励，帮助他们树立自信心和提高积极性。教师可以采用积极的反馈和奖励机制，以激励学生继续努力。

（4）建立良好的沟通渠道。学校应为学习困难学生的家长和教师建立良好的沟通渠道，了解学生的需求和学习进展情况，并及时调整教育计划。

（5）提供适当的辅助工具。学校应为学习困难学生提供适当的辅助工具，如阅读材料、音频和视频资源、教具等，以帮助他们更好地学习。

（6）营造积极的学习氛围。学校应营造积极的学习氛围，让学习困难学生感到自己受到尊重和得到支持。学校可以组织各种活动，如读书分享、手工制作和趣味游戏等，以激发学生的兴趣和积极性。

84. 如何在普通教育学校中创造全接纳性的环境？

创造全接纳性的环境，可以从学校管理、班级管理和家庭支持这三个方面着手，即通过对各种可用资源的计划、组织、协调、控制来实现。第一，学校管理上的支持是指通过建立宏观支持系统营造普通教育学校内全员性的融合氛围，包括办学理念革新、教育教学的变革、经费保障、相关制度的完善、对普通教育教师的指导与培训、学生评价方式的改革、学校教育生态的改变，学校教师需要正确认识学习困难现象，掌握有关学习困难教育的必要知识，理解学习困难学生的特殊性和可教育性。第二，班级管理上的支持主要聚焦于班级层面，包括差异化教学（分层备课、分层教学、分层作业等）的常规实施，班级中师生接纳性心理环境的营造和班级各项管理事务中的支持（班干部的安排、进步学生的评比、座位安排、交流展示）等。

---

[1] 乔志宏.创建专业支持性环境 关注青少年心理健康——"美丽心灵"中小学心理辅导室建设与应用浅谈[J]. 教育与装备研究, 2017, 33(4): 22-25.

第三，学校需要跟学生的家庭密切合作，引导学生的家庭成员正确认识学习困难现象，了解学习困难学生的特点，理解其在学习过程中遇到的特殊困难和需要的特别帮助，为其营造能够获得接纳、认同和支持的家庭环境。

85. 如何引导家长为学习困难学生创造支持性的家庭教育环境？

《中华人民共和国家庭教育促进法》的颁布，不但明确了家庭对子女教育的权利和义务，而且体现了创造支持性的家庭教育环境对子女教育的重要性和迫切性[1]。家庭支持是学习困难学生直面学习困难、迎接学习挑战的坚强后盾。

（1）家长的意识。家长首先要意识到学习困难是孩子在学习上面临的特殊挑战，学习困难并不意味着自己的孩子比别人差，除了学习，他们在很多方面都很优秀，通过努力可以成为对社会有用的人。理解孩子当下在学习上面临的困境，接受其与众不同，寻求学校和专业支持，用爱心和耐心呵护孩子的心灵，帮助孩子正确认识自己面临的挑战，与孩子一起勇敢面对困难，帮助孩子成长。

（2）融洽的家庭氛围。俗话说，"家和万事兴"，良好的家庭氛围能温暖孩子的一生，也能带给孩子直面挑战、克服困难、展翅高飞的力量。当孩子的考试成绩不好、作业完成的质量差时，家长要尽量控制负面情绪，不指责孩子，不在孩子面前争吵，为孩子营造温馨的家庭氛围。

（3）高质量的陪伴、交流和引导。积极的情感联结是重要的教育力量，良好关系的建立是一个循序渐进的过程，高质量的陪伴有助于增进家长与孩子的感情，家长可以在陪伴的过程中与孩子交流，进而巧妙地引导孩子。家长在教育孩子时要分析形势，积极引导，注意孩子的情绪变化，在学习上要以鼓励为主。

86. 如何在普通教育学校建立完善的支持性管理制度体系？

学习困难学生的健康成长是普通教育学校推进教育公平的重要目标。因此，建

---

[1] 国务院办公厅. 中华人民共和国家庭教育促进法[EB/OL].(2022-01-01) [2023-04-14]. https://www.gov.cn/xinwen/2021-10/23/content_5644501.htm.

立完善的支持性管理制度体系需要对学校各方面的制度进行综合考量,在学校管理、教学质量考评、教师考核、班级管理等各维度上进行变革,以便营造全校参与的支持性氛围。在学校管理中,各部门要明确任务分工,为学习困难学生提供支持其身心发展的具体措施;在教学质量考核、优秀班级评比中将年级、班级和学习困难学生的阶段性进步和发展变化作为考评的重要指标,并赋予其一定权重;在对教师的考核中,不能只看班级平均成绩和排名,要将学习困难学生的进步作为重要的考核依据。普通教育学校应将促进学习困难学生的学业发展、身心健康成长纳入各方面的制度中,利用明确的制度推进整体工作的实施;在班级管理中,要为学习困难学生营造支持性的氛围和创造包容性的环境,要在集体中兼顾他们的个性化学习需要和普通学生的学习需要。

87. 如何开展对普通教育教师针对学习困难学生的认识与教育的培训与指导?

在教育高质量发展背景下开展对普通教育教师针对学习困难学生的认知与教育的培训尤为重要和必要。第一,从普通教育领域的特点(普通教育教师已有的知识结构、普通教育中的教育教学要求和方式等)出发,搭建较为完整、系统的培训体系,包含学习困难的概念、分类和特点以及学习困难学生的身心发展特点、针对学习困难学生的教学支持方式等。第二,将针对学习困难学生的发展与教育的培训内容作为教师专业发展的重要内容,建立多样化的培训方式,形成以"理论＋实践"为主的培训方式,便于普通教育教师将理论学习应用到实践中。第三,积极鼓励普通教育教师参与到学习困难学生三级教育支持过程中,亲自实践,亲自辅导。第四,定期组织普通教育教师与特殊教育教师的交流与研讨,讨论个案,从具体实践中学习、总结、反思、提高。第五,经常邀请专家、骨干教师进行指导、培训和交流,坚持专业引领。第六,在对培训结果的运用中,进行阶段性反馈并及时梳理和总结优秀的实践案例,加强宣传与推广,提高教师的教研能力。

88. 如何建立有效的家校沟通机制？

有效的家校沟通机制可以引导家长树立正确的教育理念，同时针对学习困难学生的现状与个别化教育计划中的发展目标，帮助家长梳理家庭教育中需要改进的地方，教授科学的教育方法并共同制订个别化教育计划，为学习困难学生的发展创建良好的家庭支持系统。第一，组建由学科教师、学习支持系统教师组成的家校沟通团队，向家长全面反馈学习困难学生在校的情况。第二，在学习困难学生成长的不同阶段，开展侧重点有所区别的家校沟通，如：前期的发展情况反馈、对家校存在问题的梳理，并制订相应的改进策略；中期的阶段性反馈、策略调整；后期的进步情况反馈。第三，在每次的咨询、沟通中要充分尊重具有不同家庭结构、不同教育背景的家长，给予他们理解、支持和建议。第四，一定要以发展的眼光看待和反馈学习困难学生的进步情况，给予其家庭以信心。

（五）家庭支持

89. 家长如何发现孩子的学习困难问题？

（1）观察孩子的学习行为和表现。家长应该留意孩子在学习上的表现，如注意力是否容易分散，学习速度是否较慢，遗忘或困惑等现象是否经常出现。家长还应观察孩子是否对学习产生沮丧、挫败、灰心等情绪。

（2）关注家庭作业和考试成绩。关注家庭作业的完成情况和考试成绩是了解孩子的学习情况的重要途径。家长可以关注孩子在做作业时是否会遇到困难、是否有不熟悉的概念、是否频繁出现错误以及作业完成质量不高等情况。对于孩子的考试分数，家长要给予适当、合理的关注。

（3）与教师交流。家长可以与孩子的老师交流，了解孩子在学校的学习情况。让老师提供有关孩子的课堂参与度、学习兴趣、专注力和理解能力等方面的反馈。

（4）注意孩子的情绪和行为变化。学习困难可能会对孩子的情绪和行为产生影响。家长应该观察孩子是否出现学习焦虑、消极情绪、自卑、逃避学习或课堂参与等问题。

（5）寻求专业评估。家长如果怀疑孩子存在学习困难，可以寻求专业人士的评估和建议，如教育心理学家或特殊教育专家。实施专业评估可以让家长更全面地了解孩子的学习困难状况，并提供适当的支持和指导。

家长在发现孩子存在学习困难问题后，可以与孩子一起制订合适的学习计划，提供额外的支持与资源，并鼓励孩子在学习中保持积极的态度。同时，家长要保持愿意沟通和合作的态度，与学校和孩子的老师共同努力，帮助孩子克服学习困难，取得学习上的进步。

90. 当家长发现孩子存在学习困难时，如何正确理解与应对？

（1）接纳与理解。学习困难学生在学校生活中会产生很强的挫败感，因此家长要给予孩子更多的接纳与理解。孩子并非不努力或不愿意学习，家长应尽量营造轻松的、温馨的、充满爱和理解的家庭氛围，尽可能减少对孩子的指责，让孩子感受到充分的爱。

（2）关注与引导。学习困难学生因在学习能力、专注力等方面存在不足，往往需要花费更多的时间和接受额外的帮助来完成家庭作业。这就需要家长有更多的耐心，指导和监督孩子完成家庭作业，让孩子感受到家长的积极关注而非控制。除此之外，家长可以与学校保持密切联系，了解孩子在学校的学习生活、社会交往情况等，以更好地帮助与引导孩子。

（3）表扬与鼓励。学习困难学生在学习中很少得到肯定和表扬，家长在孩子取得进步时，要及时地表扬和鼓励他们，以增强他们的自信心，减少他们对学习的失望与恐惧心理。

（4）寻求专业帮助。家长可以在特殊教育专业人士的指导下，帮助孩子分析当前面临的困难和问题所在，制订个别化教育计划，给予孩子切实的支持和帮助。

91. 家长因孩子的学习困难问题而感到焦虑，如何缓解？

在家庭教育中，家长的情绪、行为特征等会影响孩子的健康成长。当孩子遇到学习困难时，部分家长可能会感到焦虑和不知所措[1]，这是家长正常的情绪状态。家长正常的焦虑，也就是适度焦虑，常常表现为轻微的紧张、着急、爱唠叨等，这并不会对家庭环境造成不良影响，甚至在一定程度上能够促进家庭环境的和谐。然而，家长的过度焦虑常常会使自身陷入与处境不相称的痛苦状态，在心理学上，焦虑过度状态被称为"焦虑性神经症"，简称"焦虑症"。

研究发现，家长的焦虑心理不仅会对自身的行为方式产生影响，还会引发孩子的焦虑，进而影响他们的学业成绩。家长只有采取积极的应对方式，才能够缓解其焦虑情绪，如果采取自责等消极的应对方式，则会加重其焦虑情绪[2]。当面对自我焦虑时，家长可以采取以下策略。

（1）认识并理解孩子的独特性。每个孩子都有自己独特的个性、兴趣和优势，作为家长，首先应该认识到不是所有孩子都必须通过好成绩体现自己的价值，要理解并接受他们所展现出来的特点，从而更好地教育和引导他们，以便他们能够充分发挥自己的潜力。

（2）保持冷静和积极的心态。学习困难并不意味着孩子没有前途，家长应该放平心态，保持冷静和积极的态度，相信自己的孩子有克服困难的能力。家长可以与孩子一起解决在学习、生活中遇到的困难，寻求专业的支持，以及与学校、教师共同制订适合孩子的学习计划和支持措施。

（3）家长如果经常有焦虑等负面情绪，就要注意整理自己的感受，分辨自己的情绪。当察觉到有焦虑情绪时，家长可以通过深呼吸或者 1 分钟冥想等方法让自己静下心来，先稳定自己的情绪，再想办法解决问题。家长还可以在日常生活中主动做一些令自己放松的动作或行为[3]，如通过一些体育类活动缓解平时生活中的压力和焦虑心理。家长如果在平时的生活中出现过度焦虑情绪，可及时向外界寻求情

---

[1] 叶丹. 众多家长患教子焦虑症[J]. 心理咨询师, 2012(2): 24-25.
[2] 朱玉培. 家庭背景对初中生学业成绩的影响研究[D]. 辽宁师范大学, 2018.
[3] 王维艳. 学生家长如何正确处理自己的焦虑情绪[J]. 散文百家(新语文活页), 2020(3): 147.

感或物质上的支持与帮助，以拥有更多的力量面对当前的困难。

（4）换位思考，与孩子进行良性沟通[1]，关注自己和孩子的情绪和心理健康。学习困难可能会给孩子带来压力，造成孩子自信心不足，家长应关注孩子的情绪和心理健康，提供情感支持和安慰，并鼓励孩子寻求帮助和表达内心的困惑和焦虑。家长还应关注孩子的全面发展，学习困难并不意味着孩子在其他领域没有优势和潜能，关注和支持孩子在其他领域的兴趣和才能，可以帮助他们全面发展，增强自己和孩子的自信心。

92. 家长如何应对家庭中教育观念不一致的困境？

研究表明[2]，父母双方或者父母与祖父母的教育观念不一致也是孩子出现学习问题和行为问题的原因。因此，家庭成员之间要保持对孩子的教育目标的一致性，通过自身行动带动孩子养成良好的学习习惯，例如，如果在家庭中每个成员都热爱阅读，坚持学习，营造出重视阅读的家庭氛围，久而久之，孩子就会有意识地改变自身的学习行为。家庭中教育观念不一致可能会给孩子的学习和成长带来困惑和挫折感。

（1）家庭成员间要达成共识。全家人一起坐下来，诚实地讨论各自的教育观念和期望，并寻求共识。尊重每个人的意见和价值观，明确并强调家庭共同的价值观，如努力、诚实、责任感等，这些价值观可以作为指导方针，帮助家庭成员在教育问题上达成一致，为孩子的教育制订共同的目标。

（2）家庭成员间保持良好的沟通和合作。家庭成员间应当保持良好的沟通和合作，让每个人都有机会表达自己的观点和关切，在讨论中寻找妥协和解决方案，共同制订教育策略。

（3）尊重孩子的个体差异。每个孩子都是独特的个体，不同的孩子对教育方法和环境有不同的需求。要尊重孩子的个体差异，允许每个家庭成员在合理范围内

---

[1] 成方琪. 父母教育焦虑的产生、影响及其作用机制研究[D]. 武汉大学, 2019.
[2] 俞国良, 张登印, 林崇德. 学习不良儿童的家庭资源对其认知发展、学习动机的影响[J]. 心理学报, 1998(2): 174-181.

根据孩子的需要和个性选择合适的教育方式。教育是一个促进孩子不断学习和成长的过程。要鼓励家庭成员相互学习，分享不同的教育观点和经验，相信每个人都有为孩子提供最佳教育的能力。

（4）如果家庭中教育观念的分歧严重影响到孩子的学习和成长，全家人可以寻求专业的支持和咨询。教育专家或心理咨询师可以提供具体的建议和辅导，帮助家庭重新建立一致的教育观念。

总之，无论家庭中的教育观念如何，家庭成员都应该以孩子为出发点，提供爱、关心和帮助，为孩子的学习和成长提供稳定的家庭支持。

93. 家长如何增强学习困难孩子的学习自信心？

（1）调整观念。家长要引导孩子明确："学习成绩只能说明对课本知识的掌握程度，成绩不好不代表你这个人很差，它只能体现能力的一小部分！""不管学习成绩怎么样，你的人生永远有机会。"这样，孩子就能够以一颗平常心面对学习中可能遇到的挫折、打击和困难。

（2）锁定焦点。家长可以回想一下，以往自己和孩子沟通时注意力聚焦的那些地方是否往往是孩子做得不好的地方，如"怎么做10道题，居然错了6道题？""怎么这道题教了那么多次，你还是不会？"值得注意的是，家长要善于引导孩子关注那些做得好的方面，锁定并聚焦孩子的成功经历。例如，如果孩子做了10道题，错了6道，家长不要训斥孩子，而要鼓励他/她："孩子，你这次做对了4道题，是一个好的开始，下次争取做对5道题，我相信你会越来越好，加油！"要引导孩子锁定并聚焦自己身上的积极方面。

（3）自己的事情自己做。训练孩子自己的事情自己做，让孩子在力所能及的小事中增强自信，是帮助孩子树立自信心最简单的方法。要做到这一点，家长更多的是要放手让孩子去尝试。在这个过程中，孩子的每一次进步，每一次克服困难，都会成为他/她自信心的源泉。

94. 家长如何在家中指导学习困难孩子学习？

（1）以身作则。良好的学习习惯与良好的学习环境密不可分。家长要以身作则，不应局限于陪在孩子身边，请先拿起一本书，用自己的实际行动为孩子做表率，营造良好的学习氛围。

（2）宽容与耐心。"你怎么这么笨""你太令我失望了""你让我伤透了心"，这些话几乎成了一些家长的口头禅。要知道，学习是个循序渐进的过程。当孩子遇到困难时，家长最该做的事就是认真分析原因，耐心辅导，及时发现孩子的闪光点并给予鼓励。适当的时候，家长可以与教师进行沟通，以获得教师的帮助。

（3）寻找合适的学习方法。古人说："得法者事半功倍。"每个孩子都是独特的个体，家长可以通过日常的观察与孩子一起寻找合适的学习方法。在学习中可供选择的方法很多，如课前预习、认真听讲、及时复习、制订阶段学习计划、大声朗读等。

（4）做到"四勤"。勤"问"，孩子放学回家以后，家长可以利用空闲的时间问问孩子："今天学了什么？"勤"看"，家长可以看一看孩子的书和作业，看他/她的作业完成得怎么样。勤"帮"，家长要当好孩子学习的合作者与引导者，一定要让孩子把书本上的知识学会、弄懂。勤"玩"，家长要抽出时间多陪孩子，双休日多带孩子去公园、图书馆等，帮助孩子学会情绪调节，开阔眼界，丰富成长经历。

95. 家长如何在家中提高学习困难孩子的学习专注力？

（1）营造简洁、有序的环境。专注力的培养离不开井然有序的外在环境。一张干净的书桌、收拾整齐的房间、安静的学习空间，不仅会带给人一种舒适感，也有助于其理清思路。在这样的环境中，孩子才会更好地获得内心的平静、集中精力、提高专注力。

（2）规定时间，分阶段完成任务。过重的学习任务容易让孩子失去信心且分心，难以很好地完成。研究表明，不同年龄段的孩子注意力稳定的时间分别为：5~6岁，

10~15分钟；7~9岁，15~20分钟；10~12岁，20~30分钟；12岁以上，30分钟及以上。由于孩子的专注力有限，家长可以帮助孩子将学习任务分解，规定每一阶段任务的完成时间，引导孩子在规定时间内完成每个小任务。

（3）引导孩子朗读文章。朗读有利于提高专注力。每天安排一段时间（10~20分钟）让孩子选择自己喜欢的文章进行朗读，这是一个口、眼、脑相互协调的过程。孩子在朗读的过程中，要尽量不读错、不读漏、不读断。只要坚持下去，不仅孩子的专注力能得到提高，朗读能力和口语表达能力也会显著增强。

96. 家长如何在家中培养学习困难孩子的学习习惯？

我国教育家陈鹤琴曾说："习惯是行，不是知，要养成习惯，非实行不可；空口说白话是无补于实际的。"[1] 有研究通过对学习困难学生进行课堂观察和访谈，归纳出这部分学生在学习习惯上面临的主要问题，它们包括：缺乏养成学习习惯的意识、对待课后作业的态度不够端正、缺乏解决问题的主动性和独立性、考试中检查和反思的意识不强。培养孩子养成良好的学习习惯需要耐心和持续的鼓励。

（1）示范正确的学习态度。家长给孩子树立学习榜样是非常重要的。当家长陪伴孩子一起学习时，自己要排除干扰，全心投入；在辅导孩子时，要展示积极、认真的态度，为孩子树立榜样。

（2）为孩子创造适合学习的环境。部分孩子的家庭中常见的现象就是一人一部手机，各玩各的，这样的家庭氛围不但不能帮助孩子养成良好的学习习惯，而且会助长其不良的学习习惯。对于家长在日常生活中的行为方式，孩子会去模仿，然而，大部分家长没有认识到某些行为对孩子的潜在影响，那些沉迷于电子产品的家长，其子女在学习过程中也更有可能养成容易分心的不良学习习惯。因此，确保孩子有一个安静、整洁的学习空间十分必要，同时，家长自己应当引导孩子远离一切有可能干扰学习的事物，如电子设备和娱乐设备。另外，家长也要避免在学习日带孩子走亲访友。

---

[1] 陈鹤琴.陈鹤琴教育文集(下卷)[M].北京：北京出版社，1985.

（3）创建固定的学习时间表。创建一个固定的每日学习时间表，内容包括做课堂作业、复习和开展额外的学习活动。要求孩子按照这个时间表安排自己的学习任务，可以培养孩子的学习自律性。

（4）设定目标和给予奖励。与孩子一起设定学习目标，并给予适当的奖励，可以激励孩子积极学习，当他们完成一项作业时，家长可以给予小礼物或表扬。

（5）养成良好的学习习惯。鼓励孩子做好课堂笔记、制订学习计划、养成勤于复习的习惯，可以帮助孩子更有条理地学习。

每个孩子都有自己独特的学习方式和需求，家长可以根据孩子的个性和情况来制订和使用适合他们的学习计划和方法。

97. 家长如何改善与学习困难孩子的关系？

改善亲子关系需要长期的投入和努力，它是帮助孩子克服学习困难的关键。通过倾听孩子的心声和理解孩子、与孩子共同参与活动、给予孩子积极反馈和与孩子建立情感联结，家长可以与孩子建立起稳固的、支持性的亲子关系，促进孩子的综合发展。

（1）倾听和理解

①给孩子表达的空间：每天安排一段专门的时间用来倾听孩子的感受和需求，了解孩子在学校生活中遇到的困难。

②利用非语言沟通：通过身体语言和眼神表达关爱和接纳。

③避免批评和指责：用积极和尊重的语气与孩子交流，避免使用攻击性言辞。

（2）共同参与活动

①定期安排家庭活动：每周开展固定的家庭活动，如一起做饭、玩游戏或看电影。

②支持孩子的兴趣爱好：鼓励孩子发展自己的兴趣爱好，并参与其中，与孩子一同体验成长的乐趣。

③制订共同的目标：与孩子一起制订家庭目标，如每周固定完成某项任务或养成良好的学习习惯。

（3）建立积极反馈机制

①肯定孩子的努力：每当孩子为克服学习困难而努力时，给予真诚的赞美和鼓励。

②设立奖励制度：建立一个奖励机制，激励孩子在学习中取得进步，如给予小礼物或特殊待遇。

③与孩子分享成就：与孩子分享自己的成功和成就，以此激发孩子的动力，培养其积极心态。

（4）建立情感联结

①创造安全的情感环境：创造安全的情感环境可以确保孩子感到被尊重和接纳，无论他们的学习表现如何。

②多表达爱：多拥抱孩子，多告诉孩子自己爱他们，从而加强亲子之间的联结。

③培养信任感：尊重孩子的隐私和权利，遵守与他们的承诺，增进彼此之间的信任。

98. 家长可以从哪些途径获得专业支持？

第一，家长可以搜集关于学习困难的资料，阅读相关书籍，以初步了解有关学习困难的基础和专业知识。第二，家长可以利用教师家访的机会，或通过参加家长委员会和教育经验交流座谈以及在线交流等方式与教师沟通，了解孩子在学校的表现，积极参与家校合作，并及时反馈孩子在家的学习状况，让双方对孩子各方面的表现有明确的认识[1]。第三，家长平时应当积极与教师和学校保持联系，经常与教师沟通，了解孩子在学校的表现和需求，共同制订关于孩子的教育问题的应对办法。第四，家长可以咨询特殊教育人员或心理咨询师等专业人士，寻求专家的帮助，参与支持组织和社区的活动，与其他家长分享经验和见解，获得鼓励和支持。第五，目前，可以利用人工智能大模型等工具寻找相应的解决方法和专业支持机构与团队。以上都是家长获得专业支持的可行途径，这些途径和方法可以帮助家长更好地了解和应对孩子的学习困难，促进孩子获得更好的学习成果，实现全面发展。

---

[1] 全玲玲. 小学中年级学习困难学生学习习惯调查研究[D]. 河北科技师范学院, 2022.

（六）资源支持

99. 可参考的纪录片和电影有哪些？

纪录片：《我不是笨小孩》

• 导演：李瑞华、樊启鹏

• 内容简介：《我不是笨小孩》是一部关于阅读障碍儿童的纪录片，由中央广播电视总台影视剧纪录片中心出品。通过对校校、群晓和若汐这三个阅读障碍儿童的家庭长达三年的系统追踪拍摄，真实而深入地反映了孩子们的生存困境和成长变化。该片希望通过对这些孩子的生活、学习情况的记录，让大众更深入地了解阅读障碍，进而理解并关爱这部分特殊群体。本片旨在以阅读障碍为切口，让社会关注有学习困难的儿童，并重新思考教育的本质。

• 首播时间：2021年1月25日

电影：《地球上的星星》

• 导演：阿米尔·汗（Aamir Khan）

• 内容简介：《地球上的星星》讲述了八岁少年伊桑的故事。他对世界充满好奇，因成绩差、总闯祸等问题被父母送往寄宿学校，在那里，他备受打击，直到美术老师尼克的出现，境遇才发生转变。尼克老师发现伊桑有学习障碍，于是用独特的方式帮助他，让他逐渐找回自信，并发挥出绘画天赋，最终在绘画大赛中获得冠军。该影片对教育者的启示在于：要尊重个体差异，更新教育方式；家长不能只关心成绩，要理解孩子的内心，挖掘孩子的潜力，接受孩子自身的不足，培养孩子的自信与勇气，相信孩子的独特价值和能力，支持孩子勇敢追求梦想。

上映时间：2007年12月21日

100. 可参考的专业书籍有哪些?

(1)《学业不良儿童的教育与矫治》

· 作者：徐芬

· 内容简介：本书主要介绍了学业不良的含义、类型以及成因，探讨了学业不良的诊断内容和方法，提供了一些针对学业不良儿童的教育模式和教学策略，深入分析了学业不良儿童会面临的一系列社会问题，并给出了针对小学和中学阶段学业不良儿童的教育措施和方案。

· 出版年份：1997 年

· 出版社：浙江教育出版社

(2)《学业不良心理学研究》

· 作者：沈烈敏

· 内容简介：本书从心理学的角度出发，进行了大量的研究，同时结合国外最新研究成果，试图从成因、表现特征等方面对学习不良现象做出合理的说明，提出有效的评估和补救的措施与方法。

· 出版年份：2008 年

· 出版社：上海教育出版社

(3)《学习问题学生的教学》

· 作者：Cecil D. Mercer, Ann R. Mercer

· 内容简介：全书的内容基于以下四个理论展开。第一，所有学生都有能力学习。第二，教师能够帮助学生发挥最大的潜能。第三，教师应为所有学生设置适宜学习的课程，教育研究必须以帮助教师和学生为宗旨。第四，教师应为学生创造安全的、受关怀的、积极的学习环境。本书在以上理论分析的基础上呈现了大量丰富的教学策略、教学技巧以及易学易用的教学活动，详细介绍了如何为有学习问题或行为问题的学生提供个性化的指导，以帮助这些学生获得学业上的成功。

· 出版年份：2005 年

- 出版社：中国轻工业出版社

(4)《学习困难学生的教学策略》

- 作者：Susan Winebrenner
- 内容简介：本书提供了很多实用、有效而又容易操作的教学技巧和教学方法，旨在帮助教师成功地对学习困难学生开展教学。教师可以学习如何快速地诊断出学生的学习弱点，然后在本书相关章节中找出适合学生的学习方式的教学策略。
- 出版年份：2005 年
- 出版社：中国轻工业出版社

(5)《学习障碍儿童的心理与教育》

- 作者：刘翔平、顾群
- 内容简介：全书从澄清学习障碍的概念入手，分门别类地介绍了儿童中经常出现的阅读障碍、写作障碍、数学障碍等几种主要的学习障碍类型，并提出了诊断和矫正的一般方法。同时，针对学习障碍儿童的课堂行为、情绪动机等共性问题，提出了适当的教育方案。
- 出版年份：2017 年
- 出版社：中国轻工业出版社

(6)《走出迷宫：认识发展性阅读障碍》

- 作者：孟祥芝
- 内容简介：本书分为理论篇和应用篇。理论篇介绍了目前学术界对阅读障碍的基本认识、经典理论框架和研究成果。应用篇重点介绍了如何应对阅读障碍，从评估到干预都有详细的说明。需要指出的是，书中介绍的多种干预策略不仅可以用来提升阅读障碍儿童的读写技能，还可以供阅读初学者参考。
- 出版年份：2018 年
- 出版社：北京大学出版社

(7)《脑与阅读》

・作者：斯坦尼斯拉斯·迪昂（Stanislas Dehaene）

・内容简介：本书先为读者展现了人脑神奇的阅读能力，回答了"我们是如何阅读的"这一问题。然后通过考察儿童是如何习得阅读的，向我们明示什么样的方法是科学有效的，对目前教育实践中错误的阅读学习方法进行了批评，就"应该如何学习阅读"给出了答案。同时，作者用科学研究成果论证了阅读的价值，揭示了"阅读是如何塑造我们的大脑的"。

・出版年份：2018 年

・出版社：浙江教育出版社

(8)《学习困难儿童的发展与教育（第 2 版）》

・作者：赵微

・内容简介：本书主要介绍了学习困难的概念、历史发展、分类以及研究的观点取向。借鉴现代科学研究成果，主要从神经心理学、认知心理学、教育学和社会学的角度分析了学习困难产生的原因。深入介绍了学习困难的特点、早期发现，以及评估的内容、过程与方法。探讨了学习困难儿童的支持性教育教学环境的构建，并为此提供了一些教学策略和方法。

・出版年份：2020 年

・出版社：北京大学出版社

(9)《遇见阅读障碍：教师和家长怎么做》

・作者：王玉玲

・内容简介：本书提供了学校教育情境下，阅读障碍"认识—识别—评估—帮助"一体化解决方案。本书是一本写给阅读障碍学生的重要他人的图书，作者及其团队深入浅出地讲述了在与阅读障碍学生共同成长的过程中形成的丰富实践经验，帮助班主任、语文教师、资源教师、家长学习新知、改变理念。本书同时呈现了作者及其团队在多领域稀缺资源整合的基础上，探索出的一种适用于我国本土教研体制的、学校教育情境的阅读障碍评估与干预模式。

·出版年份：2023 年

·出版社：北京师范大学出版社

⑩《阅读的习得：多语言文化视角下的儿童读写能力发展研究（第 2 版）》

·作者：凯瑟琳·麦克布莱德（Catherine McBride）

·内容简介：本书对不同语言和文化环境中儿童的读写学习特点进行了深入探讨。主要涉及阅读习得与文化、阅读习得与语音、阅读习得与认知能力以及阅读理解和阅读障碍等内容。本书可以帮助读者了解儿童阅读的习得过程、能力的发展和阅读障碍的研究历史，从而引导读者思考关于学校教学和儿童阅读环境的改善措施和提升策略。

·出版年份：2020 年

·出版社：北京师范大学出版社

⑪《请爱我本来的样子：阅读障碍儿童优势赋能计划》

·作者：本·福斯（Ben Foss）

·内容简介：本书告诉读者阅读障碍儿童可能在阅读上存在困难，但他们的其他学习能力没有任何问题。相反，他们先天拥有的优势技能，包括语言、社交、空间、动觉、视觉、数学、音乐能力等，是他们获取知识的关键。帮助他们找出个人优势，利用这些技能为他们的学习和人生超越找到一个出口。专注于学习，而不是专注于标准方式的阅读，就可以培养阅读障碍儿童的自信心，使其在课堂内外都能茁壮成长。

·出版年份：2023 年

·出版社：中国纺织出版社

⑫《阅读障碍与阅读困难：给教师的解释》

·作者：J. P. 达斯（J. P. Das）

·内容简介：本书主要是对阅读障碍和阅读困难的解释。它是一本应用手册，给教师提供了一些经过精心挑选的、有针对性的知识材料，其理论基础是 PASS（计划—注意—同时—继时）加工的观点。在实践方面，本书介绍了有针对性的矫治方

书号	书名	作者	定价
	教养宝典		
0846	做不吼不叫的父母：儿童教养的105个秘诀	林煜涵	49.00
*0829	早期干预丹佛模式辅导与培训家长用书	[美]Sally J. Rogers 等	98.00
*8607	孤独症儿童早期干预丹佛模式（ESDM）	[美]Sally J.Rogers 等	78.00
*0461	孤独症儿童早期干预准备行为训练指导	朱璟、邓晓蕾等	49.00
*0748	孤独症儿童早期干预：从沟通开始	[英]Phil Christie 等	49.00
*0119	孤独症育儿百科：1001个教学养育妙招（第2版）	[美]Ellen Notbohm	88.00
*0511	孤独症谱系障碍儿童关键反应训练掌中宝	[美]Robert Koegel 等	49.00
9852	孤独症儿童行为管理策略及行为治疗课程	[美]Ron Leaf 等	68.00
*9496	地板时光：如何帮助孤独症及相关障碍儿童沟通与思考	[美]Stanley I. Greensp 等	68.00
*9348	特殊需要儿童的地板时光：如何促进儿童的智力和情绪发展		69.00
*9964	语言行为方法：如何教育孤独症及相关障碍儿童	[美]Mary Barbera 等	49.00
*0419	逆风起航：新手家长养育指南	[美]Mary Barbera	78.00
9678	解决问题行为的视觉策略	[美]Linda A. Hodgdon	68.00
9681	促进沟通技能的视觉策略		59.00
9991	做看听说（第2版）：孤独症谱系障碍人士社交和沟通能力	[美]Kathleen Ann Quill 等	98.00
*9489	孤独症儿童的行为教学	刘昊	49.00
*8958	孤独症儿童游戏与想象力（第2版）	[美]Pamela Wolfberg	59.00
*0293	孤独症儿童同伴游戏干预指南：以整合性游戏团体模式促进		88.00
9324	功能性行为评估及干预实用手册（第3版）	[美]Robert E. O'Neill 等	49.00
*0170	孤独症谱系障碍儿童视频示范实用指南	[美]Sarah Murray 等	49.00
*0177	孤独症谱系障碍儿童焦虑管理实用指南	[美]Christopher Lynch	49.00
8936	发育障碍儿童诊断与训练指导	[日]柚木馥、白崎研司	28.00
*0005	结构化教学的应用	于丹	69.00
*0149	孤独症儿童关键反应教学法（CPRT）	[美]Aubyn C. Stahmer 等	59.80
*0402	孤独症及注意障碍人士执行功能提高手册	[美]Adel Najdowski	
*0167	功能分析应用指南：从业人员培训指导手册	[美]James T. Chok 等	
	生活技能		
*0673	学会自理：教会特殊需要儿童日常生活技能（第4版）	[美] Bruce L. Baker 等	88.00
*0130	孤独症和相关障碍儿童如厕训练指南（第2版）	[美]Maria Wheeler	49.00
*9463/66	发展性障碍儿童性教育教案集/配套练习册	[美] Glenn S. Quint 等	71.00
*9464/65	身体功能障碍儿童性教育教案集/配套练习册		103.00
*0512	孤独症谱系障碍儿童睡眠问题实用指南	[美]Terry Katz 等	59.00
*05476	特殊儿童安全技能发展指南	[美]Freda Briggs	59.00
*8743	智能障碍儿童性教育指南		68.00
*0206	迎接我的青春期：发育障碍男孩成长手册	[美]Terri Couwenhoven	29.00
*0205	迎接我的青春期：发育障碍女孩成长手册		29.00
*0363	孤独症谱系障碍儿童独立自主行为养成手册（第2版）	[美]Lynn E.McClannahan 等	49.00

标*书籍均有电子书（2025.03）

书号	书名	作者	定价
\multicolumn{4}{c}{ 转衔|职场 }			
*0462	孤独症谱系障碍者未来安置探寻	肖扬	69.00
*0296	长大成人：孤独症谱系人士转衔指南	[加]Katharina Manassis	59.00
*0528	走进职场：阿斯伯格综合征人士求职和就业指南	[美]Gail Hawkins	69.00
*0299	职场潜规则：孤独症及相关障碍人士职场社交指南	[美]Brenda Smith Myles 等	49.00
*0301	我也可以工作！青少年自信沟通手册	[美]Kirt Manecke	39.00
*0380	了解你，理解我：阿斯伯格青少年和成人社会生活实用指南	[美]Nancy J. Patrick	59.00
\multicolumn{4}{c}{ 与星同行 }			
0828	面具下的她们：ASD 女性的自白（第 2 版）	[英]Sarah Hendrickx 等	59.80
*0818	看见她们：ADHD 女性的困扰	[瑞典]Lotta Borg Skoglund	49.00
0732	来我的世界转一转：漫话 ASD、ADHD	[日]岩濑利郎	59.00
*0428	我很特别，这其实很酷！	[英]Luke Jackson	39.00
*0302	孤独的高跟鞋：PUA、厌食症、孤独症和我	[美]Jennifer O'Toole	49.90
*0408	我心看世界（第 5 版）	[美]Temple Grandin 等	59.00
*7741	用图像思考：与孤独症共生		39.00
*9800	社交潜规则（第 2 版）：以孤独症视角解读社交奥秘		68.00
0722	孤独症大脑：对孤独症谱系的思考		49.90
*0109	红皮小怪：教会孩子管理愤怒情绪	[英]K.I.Al-Ghani 等	36.00
*0108	恐慌巨龙：教会孩子管理焦虑情绪		42.00
*0110	失望魔龙：教会孩子管理失望情绪		48.00
*9481	喵星人都有阿斯伯格综合征	[澳]Kathy Hoopmann	38.00
*9478	汪星人都有多动症		38.00
*9479	喳星人都有焦虑症		38.00
9002	我的孤独症朋友	[美]Beverly Bishop 等	30.00
*9000	多多的鲸鱼	[美]Paula Kluth 等	30.00
*9001	不一样也没关系	[美]Clay Morton 等	30.00
*9003	本色王子	[德]Silke Schnee 等	32.00
9004	看！我的条纹：爱上全部的自己	[美]Shaina Rudolph 等	36.00
*0692	男孩肖恩：走出孤独症	[美]Judy Barron 等	59.00
8297	虚构的孤独者：孤独症其人其事	[美]Douglas Biklen	49.00
9227	让我听见你的声音：一个家庭战胜孤独症的故事	[美]Catherine Maurice	39.00
8762	养育星儿四十年	[美]蔡张美铃、蔡逸周	36.00
*8512	蜗牛不放弃：中国孤独症群落生活故事	张雁	28.00
0697	与自闭症儿子同行 1：原汁原味的育儿	[日]明石洋子	49.00
0845	与自闭症儿子同行 2：通往自立之路	[日]明石洋子	49.00
7218	与自闭症儿子同行 3：为了工作，加油！	[日]明石洋子	49.00

书号	书名	作者	定价
孤独症入门			
*0137	孤独症谱系障碍：家长及专业人员指南	[英]Lorna Wing	59.00
*9879	阿斯伯格综合征完全指南	[英]Tony Attwood	78.00
*9081	孤独症和相关沟通障碍儿童治疗与教育	[美]Gary B. Mesibov	49.00
0831	问题行为应对实战图解	[日]井泽信三	39.00
0713	融合幼儿园教师实战图解	[日]永富大铺 等	49.00
*0157	影子老师实战指南	[日]吉野智富美	49.00
*0014	早期密集训练实战图解	[日]藤坂龙司 等	49.00
*0116	成人安置机构ABA实战指南	[日]村本净司	49.00
*0510	家庭干预实战指南	[日]上村裕章 等	49.00
*0107	孤独症孩子希望你知道的十件事（第3版）	[美]Ellen Notbohm	49.00
*9202	应用行为分析入门手册（第2版）	[美]Albert J. Kearney	39.00
*0356	应用行为分析和儿童行为管理（第2版）	郭延庆	88.00
新书预告			
出版时间	书名	作者	估价
2025.04	融合班级中的孤独症学生	[美]Barbara Boroson	59.00
2025.04	与ADHD共处	[日]司马理英子	59.00
2025.06	与ADHD共处（成人篇）	[日]司马理英子	59.00
2025.06	与ADHD共处（女性篇）	[日]司马理英子	59.00
2025.05	积极行为支持教养手册：解决孩子的挑战性行为（第2版）	[美]Meme Hieneman 等	78.00
2025.06	融合环境中的教师协作	[美]Heather Friziellie 等	49.00
2025.06	融合教育理念与实践	[美]Lee Ann Jung）等	49.00
2025.06	学习困难学生教育指导手册	赵微	59.00
2025.06	融合教育学科教学策略：直接教学	[美]Anita L. Archer 等	88.00
2025.06	儿童行为管理中的罚时出局	[德]Corey C. Lieneman	39.00
2025.08	重掌失控人生:注意缺陷多动障碍成人自救手册	[美]Russell A. Barkley	88.00
2025.08	学习困难学生的阅读理解教学（第3版）	[美]Sharon Vaughn 等	78.00
2025.10	沟通障碍导论（第7版）	[美]Robert E. Owens 等	198.00
2025.12	家有挑食宝贝：行为分析帮助家长解决挑食难题	[美]Keith E. Williams	59.00
2025.12	融合学校干预反应模式实践手册	[美]Austin Buffum	78.00

书号	书名	作者	定价
	**经典教材|学术专著**		
*0488	应用行为分析（第3版）	[美]John O. Cooper 等	498.00
*0470	特殊教育和融合教育中的评估（第13版）	[美]John Salvia 等	168.00
*0464	多重障碍学生教育：理论与方法	盛永进	69.00
9707	行为原理（第7版）	[美]Richard W. Malott 等	168.00
*0449	课程本位测量实践指南（第2版）	[美]Michelle K. Hosp 等	88.00
*9715	中国特殊教育发展报告（2014-2016）	杨希洁、冯雅静、彭霞光	59.00
*8202	特殊教育辞典（第3版）	朴永馨	59.00
0802	特殊教育和行为科学中的单一被试设计（第3版）	[美]David Gast	168.00
0490	教育和社区环境中的单一被试设计	[美]Robert E.O'Neill 等	68.00
0127	教育研究中的单一被试设计	[美]Craig Kenndy	88.00
*8736	扩大和替代沟通（第4版）	[美]David R. Beukelman 等	168.00
0643	行为分析师执业伦理与规范（第4版）	[美]Jon S. Bailey 等	98.00
0770	优秀行为分析师必备25项技能（第2版）	[美]Jon S.Bailey 等	78.00
*8745	特殊儿童心理评估（第2版）	韦小满、蔡雅娟	58.00
0433	培智学校康复训练评估与教学	孙颖、陆莎、王善峰	88.00
	**社交技能**		
0758	孤独症儿童社交、语言和行为早期干预家庭游戏PLAY模式	[美]Richard Solomon	128.00
0703	直击孤独症儿童的核心挑战：JASPER模式	[美]Connie Kasari 等	98.00
*0468	孤独症人士社交技能评估与训练课程	[美]Mitchell Taubman 等	68.00
*0575	情绪四色区：18节自我调节和情绪控制能力培养课	[美]Leah M.Kuypers	88.00
*0463	孤独症及相关障碍儿童社会情绪课程	钟卜金、王德玉、黄丹	78.00
*9500	社交故事新编(十五周年增订纪念版)	[美]Carol Gray	59.00
*0151	相处的密码：写给孤独症孩子的家长、老师和医生的社交故事		28.00
*9941	社交行为和自我管理：给青少年和成人的5级量表	[美]Kari Dunn Buron 等	36.00
*9943	不要！不要！不要超过5！：青少年社交行为指南		28.00
*9942	神奇的5级量表：提高孩子的社交情绪能力（第2版）		48.00
*9944	焦虑，变小！变小！（第2版）		36.00
*9537	用火车学对话：提高对话技能的视觉策略	[美] Joel Shaul	36.00
*9538	用颜色学沟通：找到共同话题的视觉策略		42.00
*9539	用电脑学社交：提高社交技能的视觉策略		39.00
*0176	图说社交技能（儿童版）	[美]Jed E.Baker	88.00
*0175	图说社交技能（青少年及成人版）		88.00
*0204	社交技能培训手册：70节沟通和情绪管理训练课		68.00
*0150	看图学社交：帮助有社交问题的儿童掌握社交技能	徐磊 等	88.00

华夏特教系列丛书

书号	书名	作者	定价
	融合教育		
*0561	孤独症学生融合学校环境创设与教学规划	[美]Ron Leaf 等	68.00
0771	融合教育学校校长手册		59.00
0652	融合教育教师手册	[美]Julie Causton 等	69.00
0709	融合教育助理教师手册（第2版）		69.00
0801	特殊需要学生的融合教育支持	[美]Toby Karten	49.00
*9228	融合学校问题行为解决手册		30.00
*9318	融合教室问题行为解决手册	[美]Beth Aune	36.00
*9319	日常生活问题行为解决手册		39.00
0686	孤独症儿童融合教育生态支持的本土化实践创新		98.00
*9210	资源教室建设方案与课程指导	王红霞	59.00
*9211	教学相长：特殊教育需要学生与教师的故事		39.00
*9212	巡回指导的理论与实践		49.00
9201	你会爱上这个孩子的！：在融合环境中教育孤独症学生（第2版）	[美]Paula Kluth	98.00
*0013	融合教育学校教学与管理	彭霞光、杨希洁、冯雅静	49.00
0542	融合教育中自闭症学生常见问题与对策	上海市"基础教育阶段自闭症学生支持服务体系建设"项目组	49.00
0753	小学一年级认知教育活动（教师用书）	"挑战学习困难"丛书 主编：赵微	59.00
0752	小学一年级认知教育活动（学生用书）		49.00
0754	小学二年级认知教育活动（教师用书）		59.00
0755	小学二年级认知教育活动（学生用书）		49.00
0834	学习困难学生基础认知能力提升研究与实践	刘朦朦	59.00
*7809	特殊儿童随班就读师资培训用书	华国栋	49.00
*0348	学校影子老师简明手册	[新加坡]廖越明 等	39.00
*8548	融合教育背景下特殊教育教师专业化培养	孙颖	88.00
*0078	遇见特殊需要学生：每位教师都应该知道的事		49.00
9329	融合教育教材教法	吴淑美	59.00
9330	融合教育理论与实践		69.00
9497	孤独症谱系障碍学生课程融合（第2版）	[美]Gary Mesibov	59.00
8338	靠近另类学生：关系驱动型课堂实践	[美]Michael Marlow 等	36.00

关注华夏特教，获取新书资讯！

华夏特教线上知识平台：

华夏特教公众号

华夏特教小红书

华夏特教视频号

"在线书单"二维码

微信公众平台：HX_SEED（华夏特教）
微店客服：13121907126
天猫官网：hxcbs.tmall.com
意见、投稿：hx_seed@hxph.com.cn
联系地址：北京市东直门外香河园北里 4 号（100028）

案，并附上了较为详细的 PREP 任务举例，可以帮助教师识别学生的阅读困难。本书最后两章综述了我国学者在汉语阅读方面的一系列重要研究成果。因此，本书不仅是教师的重要参考手册，对相关领域的研究者来说也有参考价值。

- 出版年份：2007 年
- 出版社：人民邮电出版社

⑬《聪明的笨小孩：如何帮助孩子克服阅读障碍》

- 作者：萨莉·施威茨（Sally Shaywitz）
- 内容简介：本书探讨了什么是阅读障碍；为什么一些有着高智商、高天赋的人也会有阅读困难；如何在人生的各发展阶段（学前期、学龄期、青少年期、成人期）识别阅读障碍；对于有阅读障碍的孩子，家长应该如何培养他们的自尊心，发现他们的优势等内容。本书指出，只要有科学的方法与恒心，每个人都可以战胜阅读障碍。作者在书中用浅显易懂的方式解读了这一复杂领域，并提供了明确、可用的工具，为阅读障碍儿童的积极成长提供了更正面的建议。
- 出版年份：2019 年
- 出版社：北京师范大学出版社

⑭《与众不同的学生：学习障碍等特殊需要学生的评量与干预案例精选》

- 作者：北京市西城区融合教育中心学习特殊需要教研组
- 内容简介：本书案例涉及注意缺陷、超常、智力边缘、阅读障碍、书写障碍、数学障碍等各类学习特殊需要学生。内容几乎覆盖普通教育学校中常见的学习特殊需要学生及教师面对的疑难问题，有些文章讲述的研究内容是国内稀缺的，例如：基于学校实践层面本位的学习障碍学生的识别、评量与干预；超常学生的课堂干扰行为的功能分析与干预；孤独症学生的课堂教学支持等。本书以教学案例和教育故事为主体，故事的优势在于可读性强，具体生动；具有情境性，更易于借鉴并迁移。
- 出版年份：2022 年
- 出版社：北京师范大学出版社

⒂《儿童早期数学学习困难：成因与干预》

- 作者：周欣、康丹
- 内容简介：本书为教育部人文社会科学一般项目的研究成果之一，以两年跟踪研究的量化数据以及对 15 个干预个案的质性资料分析为基础，探讨了数学学习困难儿童鉴别与诊断的方法，儿童早期数学技能的核心缺陷，影响数学学习困难儿童的遗传、认知机制、环境等各种内外部因素，以及对早期数学学习困难儿童进行教育干预的方法与策略。
- 出版年份：2015 年
- 出版社：华东师范大学出版社

⒃《数学学习困难儿童数学问题解决的机制与干预》

- 作者：朱楠
- 内容简介：本书聚焦于学习困难的一种亚类型——数学学习困难，通过理论研究、实验探索和干预实践，系统探讨数学学习困难儿童在数学问题解决中的认知机制，探索融合班级的数学问题解决教学策略，进而构建基于多层支持系统的数学学习困难儿童学业干预模型。本书对于精准认识数学学习困难儿童在特定学业领域的表现及机制，促进数学学习困难的干预与教学改革，乃至普通教育学校教育模式及管理体制的改革，都有一定的参考价值。
- 出版年份：2023 年
- 出版社：知识产权出版社

⒄《突破儿童数学学习困难》

- 作者：余晓敏、韩娟
- 内容简介：本书以数学学习困难儿童为对象，介绍了大量行为学和神经生理学研究，初步总结出了数学学习困难儿童的核心认知缺陷，为开展儿童数学学习困难的干预提供了一定的理论基础。本书分为五篇，共十一章，内容涉及儿童数学学习与认知发展、儿童数学能力概述、儿童数学能力发展的影响因素、小学生数学基本能力评估工具、小学生数学基本能力发展水平评估、儿童数学学习困难概述、儿童数学学习困难发生机制等。

- 出版年份：2017 年
- 出版社：华中科技大学出版社

101. 可参考的期刊有哪些?

(1)《中国特殊教育》

- 期刊介绍：《中国特殊教育》创刊于 1994 年，是由中华人民共和国教育部主管、中国教育科学研究院主办的特殊教育领域学术期刊。主要栏目设置有全纳教育、特殊教育理论研究、听力障碍研究、视力障碍研究、智力障碍研究、评估与测量、治疗与康复、孤独症研究、学习障碍研究、超常教育研究、青少年心理发展、心理健康研究、职业教育与高等特殊教育等。本刊所刊载的文章主要反映中国特殊需要儿童心理与教育、教学领域的成果与进展。

(2)《现代特殊教育》

- 期刊介绍：《现代特殊教育》创刊于 1992 年，是由江苏省教育厅主管、江苏教育报刊总社主办的刊物。主要栏目设置有研究与探索、特别报道、专家讲座、特色学校、教育实践、科学认读、脑科学研究等。期刊主要宣传我国有关发展特殊教育的方针政策和法律法规，推介特殊教育科学研究成果，提供教育教学及康复训练的经验、方法和案例，介绍国际特殊教育的新思想、新理念、新方法、新经验，报道国内外特殊教育发展的新信息动态。

编著者简介

赵微 博士毕业于华东师范大学和加拿大不列颠哥伦比亚大学，为中国首届特殊教育专业博士。陕西师范大学教育学部三级教授、博士生导师。陕西师范大学特殊儿童认知与行为研究中心负责人。教育部基础教育教学指导委员会委员（特殊教育），陕西省基础教育特殊教育教学指导委员会副主任委员。

创建了首个西北地区学习支持中心。多次在英国、加拿大、美国、新加坡等国家和中国港澳台地区工作和从事合作研究，主持教育部儿童早期语言获得机制、学习障碍评估研究等课题二十项，在中外文期刊上发表论文百余篇。主编和参编《学习困难儿童的发展与教育》《学前特殊教育学》及"挑战学习困难"丛书等著作。

图书在版编目（CIP）数据

学习困难学生教育指导手册 / 赵微编著. -- 北京 : 华夏出版社有限公司, 2025. --（挑战学习困难 / 赵微主编）. -- ISBN 978-7-5222-0871-8

Ⅰ. G76-44

中国国家版本馆 CIP 数据核字第 20257BZ782 号

学习困难学生教育指导手册

编 著 者	赵　微
策划编辑	薛永洁
责任编辑	薛永洁　张冬爽
出版发行	华夏出版社有限公司
经　　销	新华书店
印　　装	河北宝昌佳彩印刷有限公司
版　　次	2025 年 8 月北京第 1 版　　2025 年 8 月北京第 1 次印刷
开　　本	787×1092　1/16 开
印　　张	7
字　　数	97 千
定　　价	49.00 元

华夏出版社有限公司　地址：北京市东直门外香河园北里 4 号　邮编：100028
　　　　　　　　　　网址：www.hxph.com.cn　电话：（010）64663331（转）

若发现本版图书有印装质量问题，请与我社营销中心联系调换。